Danseuse
à l'école du Royal Ballet

Danseuse à l'école du Royal Ballet

1. L'audition
2. Premier spectacle
3. La nouvelle élève
4. Le concours
5. Le secret de Kate
6. Panique en coulisses
7. Une rentrée mouvementée
8. Le choix d'Emily

Dans l'*ABC de la danse*, situé à la fin du livre, tu trouveras la définition des termes appartenant au vocabulaire de la danse classique.

Traduit de l'anglais par Nouannipha Simon

ISBN : 9782070610198
Titre original : *The Royal Ballet School Diaries*
8. *Boys or Ballet?*
Édition originale publiée par Grosset et Dunlap,
une division de Penguin Young Readers Group, New York
Série créée par Working Partners Ltd.

N° d'édition : 146894
Loi n° 49-956 du 16 juillet 1949
sur les publications destinées à la jeunesse
Dépôt légal : février 2007
Imprimé en Espagne par Novoprint (Barcelone)

Alexandra Moss

Danseuse à l'école du Royal Ballet

Le choix d'Emily

GALLIMARD JEUNESSE

Pour la vraie Alice Granlund, avec mon amour. – A. M.

Je remercie tout particulièrement Sue Mongredien.

Prologue

Cher Journal,

Les cours reprennent demain. Comme j'ai hâte ! C'est toujours avec plaisir que je retourne à l'école du Royal Ballet, mais cette fois-ci, je compte les minutes qui me séparent de... Luke. Je n'en reviens pas d'être sa petite amie. Je revois en boucle le moment où il s'est penché vers moi pour m'embrasser. J'ai embrassé Luke Bailey ! Moi, Emily Brown... C'était juste avant les vacances de la Toussaint. Cela fait maintenant huit longs jours que je ne l'ai pas vu. Ces jours m'ont semblé une éternité. Vivement demain !

Ça me fait tout bizarre d'avoir un petit ami. C'est la première fois. Rien que d'y penser, j'en ai des frissons. J'appréhende cependant un peu de le revoir. Comment suis-je censée me comporter ? Que font les amoureux quand ils se voient ? Je n'arrive pas encore à imaginer la vie à l'école avec un petit ami. En général, quand un garçon et une fille sortent ensemble, le garçon va chercher la fille chez elle, ou ils se donnent des rendez-vous au cinéma, au café... Mais dans un internat, comment allons-nous faire ?

Quand j'ai dit aux filles que Luke et moi étions amoureux, elles se sont mises à se moquer de moi... gentiment, bien sûr ! Molly embrassait son oreiller pour nous imiter ! Après cela, elles m'ont bombardée de questions : depuis combien de temps étais-je amoureuse de lui ? Comment avait-il fait sa déclaration ? Quel effet cela faisait-il d'embrasser un garçon ? Elles voulaient absolument tout savoir. J'étais contente de pouvoir leur en parler après avoir gardé le secret aussi longtemps.

Je sais que c'est bête, mais je n'arrête pas de me demander ce qui se passerait si Luke ne m'aimait plus, ou si nous nous disputions ? Quoiqu'il arrive, nous serons obligés de nous voir tous les jours...

J'attends également avec impatience l'audition pour le spectacle de Noël de l'Opéra royal. Cette année, la troupe du Royal Ballet va interpréter Le Lac des cygnes *! Je croise les doigts pour décrocher un rôle. C'était tellement excitant de danser dans* Casse-Noisette *l'année dernière. Jamais je n'avais été aussi heureuse et fière.*

J'ai hâte de retrouver Grace, Laura et les autres. Elles me manquent.

1

À peine sa mère eut-elle garé la voiture devant l'entrée principale de la Lower School qu'Emily détacha sa ceinture de sécurité et ouvrit brutalement la portière.

– Attention, ma puce, lui rappela sa mère d'une voix amusée. La portière peut encore nous être utile !

– Désolée, fit Emily en rougissant. C'est l'excitation.

Son téléphone portable sonna au même moment. Elle le tira du fond de son sac et vit avec un frisson de joie que c'était le numéro de Luke qui s'affichait sur l'écran.

– Allô, dit-elle dans un souffle.

– Salut, Emily.

Au ton de sa voix, Emily pouvait deviner qu'il souriait.

– Où es-tu ? lui demanda Luke. Est-ce que tu arrives bientôt à l'école ?

– Figure-toi que je suis juste devant l'entrée. Et toi, où es-tu ?

– Je suis dans le hall de réception. Cela fait une heure et demie que je suis arrivé. Est-ce que tu veux que je t'attende ici ?

Le cœur d'Emily battait à tout rompre.

– Oui. J'arrive !

Elle raccrocha et se tourna vers sa mère, qui sortait ses deux sacs du coffre.

– Vais-je enfin rencontrer le mystérieux Luke Bailey ? demanda Mme Brown, amusée par le sourire béat qu'affichait sa fille.

Emily rougit à nouveau. Elle n'arrivait pas à savoir si elle se sentait excitée, nerveuse, intimidée, ou encore gênée à l'idée de présenter Luke à sa mère.

– Euh… oui. Mais promets-moi de ne rien dire d'horrible sur moi, comme ce que je faisais quand j'étais petite ou les bêtises que j'ai pu faire plus tard…

Mme Brown posa les sacs par terre et passa un bras autour des épaules de sa fille.

– Ne t'inquiète pas, je me contenterai de lui dire bonjour. Ça te va ? Je peux lui dire bonjour ?

– D'accord.

Emily se pencha pour vérifier son reflet dans le rétroviseur.

– Comment me trouves-tu ? Est-ce que je ne suis pas trop décoiffée ? Oh, je savais bien qu'il fallait que je me sèche les cheveux mieux que ça. Ils sont tout plats et ternes…

Sa mère resserra son étreinte pour la rassurer.

– Tes cheveux sont très bien, Emily. Tu es très jolie. Tu es toujours très jolie.

Emily inspira profondément.

– Merci, maman. Allons-y.

Elles pénétrèrent dans la magnifique bâtisse de White Lodge qui abritait la Lower School de l'école du Royal Ballet. Sachant que Luke l'y attendait, Emily fit attention au moindre de ses mouvements.

« Est-ce que je suis toujours aussi raide quand je marche ? se demanda-t-elle, catastrophée. Luke va penser qu'il est tombé amoureux d'un robot ! »

C'était tellement idiot, ce qu'elle venait de penser, qu'elle dut se retenir d'éclater de rire. L'excitation lui mettait les nerfs à fleur de peau.

Emily retint sa respiration en passant les portes du hall de réception…

Les mains dans les poches, Luke était là, encore plus beau que dans ses souvenirs. Il l'accueillit avec un large sourire. Elle lui rendit son sourire, les joues en feu, sentant ses jambes prêtes à se dérober sous elle. « Ressaisis-toi, voyons ! » se gronda-t-elle en rougissant de plus belle.

– Bonjour, Emily !

– Bonjour…

Régnait-il une chaleur tropicale dans le hall d'entrée ou était-ce seulement elle ? Un sourire figé sur les lèvres, les mots lui firent soudain défaut.

– Euh… Luke… Je te présente ma mère. Maman, voici Luke. Luke Bailey.

Mme Brown s'avança et adressa un sourire chaleureux au petit ami de sa fille.

– Enchantée de te rencontrer, Luke.

Ce fut au tour de Luke de rougir. Il esquissa un sourire timide, de ceux que l'on réserve à ses professeurs.

– Bonjour, madame Brown, bredouilla-t-il.

Il y eut un silence, qu'Emily rompit en lui demandant d'un air le plus naturel possible :

– Est-ce que tes parents sont déjà repartis ?

Au fond d'elle-même, elle espérait ne pas avoir à les rencontrer. La situation était suffisamment embarrassante comme ça. Et puis, elle ne se sentait pas encore prête, Luke et elle venant à peine de faire connaissance eux-mêmes.

– Ils ont repris la route, il y a cinq minutes. Je t'ai appelée juste après leur départ.

Il lui montra son téléphone d'un air gauche avant d'ajouter :

– Et te voilà !

– Oui, me voilà, répéta Emily sans pouvoir s'empêcher de rougir une fois de plus.

– On ferait peut-être mieux de monter tes bagages dans ta chambre, lui rappela sa mère.

Emily eut un instant d'hésitation. Cela faisait une semaine qu'elle attendait ce moment et il fallait déjà y mettre fin ! Mais d'un autre côté, elle ne pouvait pas faire patienter sa mère dans le hall de réception pendant qu'ils rattrapaient le temps perdu.

– Tu as raison, convint-elle. Allons-y.

– On se retrouve dans une demi-heure ? demanda Luke. Je t'attends sur le balcon du Grand Salon, d'accord ?

– D'accord, lui répondit-elle avec un sourire radieux. À tout à l'heure !

Si, en sixième, les filles étaient toutes logées dans le même dortoir, en cinquième, elles se trouvaient divisées en trois groupes. Une grande partie d'entre elles occupaient la Salle du billard, une vaste pièce, elle-même divisée en deux par une cloison. Emily,

Grace, Jade et Molly s'étaient vu attribuer la Pièce suivante, un dortoir plus petit.

Emily était la première arrivée, ce jour-là. Elle jeta ses sacs au pied de son lit et se précipita à la fenêtre. De là, elle avait une vue imprenable sur le balcon de pierre du Grand Salon. Un escalier patiné par le temps donnait accès à la cour de l'école. Les rayons rasants du soleil automnal caressaient doucement les feuilles jaunies des arbres. Le cœur d'Emily fit un bond quand elle aperçut Luke s'appuyer sur la balustrade du balcon. Il l'attendait déjà !

Prestement, elle fit un pas en arrière, craignant qu'il ne la surprenne en train de l'épier.

– Qu'y a-t-il de si intéressant, dehors ? demanda Mme Brown en s'approchant à son tour de la fenêtre.

– Maman ! l'arrêta Emily. Ne regarde pas par la fenêtre ! Luke est juste en bas.

C'était encore pire, pensait-elle, si Luke voyait sa mère l'espionner depuis le dortoir, même si, à proprement parler, elle ne l'espionnait pas.

– D'accord, d'accord ! s'esclaffa Mme Brown en levant les mains en l'air. Puisque tu m'as l'air plus pressée de descendre le rejoindre que de rester ici, je vais m'éclipser.

Emily eut un pincement au cœur. Elle n'avait pas voulu chasser sa mère de l'école !

– Excuse-moi, maman. Ce n'est pas ce que je...

Mais sa mère posa un doigt sur ses lèvres, lui faisant comprendre qu'elle ne lui en voulait pas.

– Il m'a l'air charmant, ton petit ami, déclara-t-elle en lui plaquant un baiser sur le front.

Emily se blottit dans les bras de sa mère.

– Il est adorable.

– Bon, je vais filer. Ce n'est pas la peine de m'accompagner à la voiture. Va plutôt rejoindre ton Luke !

– Merci, maman.

Une fois sa mère partie, Emily se rua de nouveau à la fenêtre. Luke était toujours là, les yeux perdus dans le lointain. Il tenait ses bras serrés contre lui pour se protéger de la fraîcheur du vent.

Elle frissonna à sa vue.

Puis elle courut dans la salle de bains se regarder dans un miroir.

– Bonjour, Luke ! fit-elle d'une voix désinvolte, un sourcil relevé, pour voir de quoi elle avait l'air.

Elle pouffa de rire.

– Non, pas comme ça ou je vais lui faire peur. Bonjour, Luke, essaya-t-elle avec un sourire enjôleur. C'est mieux !

Elle s'aspergea le visage d'eau froide pour que ses joues paraissent moins rouges, s'essuya et vérifia son reflet dans le miroir.

– Bonjour, dit-elle en scrutant chaque détail de son visage.

Est-ce que Luke avait remarqué sa petite cicatrice sur le sourcil droit ? Que pensait-il de son nez retroussé parsemé de taches de rousseur. Préférait-il quand elle relevait ses cheveux en queue de cheval ou quand elle les relâchait sur ses épaules ? S'était-il rendu compte qu'une de ses oreilles était légèrement plus haute que l'autre ?

Elle fit un pas en arrière et lissa sa chemise froissée par le voyage.

– Vas-y, maintenant. Le pauvre doit être frigorifié à t'attendre.

Elle descendit au hall de réception en fredonnant joyeusement. Les élèves affluaient, accompagnés de leurs parents. Emily se fraya un chemin parmi eux jusqu'au Grand Salon, une vaste pièce de réception qui servait à présent de studio de danse.

Luke était toujours accoudé contre la balustrade, le dos tourné à la pièce. Perdu dans ses pensées, il ne l'entendit pas arriver.

Emily en profita pour l'observer un instant. Grand et élancé, il avait une allure folle. Elle le regarda passer une main dans ses cheveux, juste derrière la nuque.

Prenant une profonde inspiration, elle se décida à manifester sa présence.

– Bonjour, Luke !

Sa voix lui parut beaucoup trop aiguë.

Luke fit volte-face, les yeux pétillants.

– Re-bonjour. Tu as été rapide !

Emily sentit ses joues s'enflammer. Oh non ! Se montrait-elle trop empressée ? Aurait-elle dû rester plus longtemps dans sa chambre et le faire patienter ? Une brise légère la fit frissonner. Elle se tint les bras pour se réchauffer, consciente tout d'un coup de la fraîcheur de cette fin d'après-midi.

Luke s'avança et lui saisit la main. Il la serra doucement et plongea ses magnifiques yeux bleus dans les siens.

– Je suis content que tu sois là.

Les doigts d'Emily tremblèrent au contact de sa peau. Les mots lui manquèrent. Ils s'étaient beaucoup parlé pendant les vacances et s'étaient envoyé des e-mails et des textos, mais ce n'était pas pareil… Par quoi pouvait-elle commencer ?

– Alors… comment s'est passé ton trajet jusqu'ici ? réussit-elle à bredouiller avant de porter une main à sa bouche. Oh, excuse-moi, c'est idiot comme question. Oublie ce que je viens de dire. Laisse-moi réfléchir à autre chose…

– Mais non, voyons, dit-il en riant, ce n'est pas idiot. Le trajet jusqu'ici a été une aventure digne d'un mauvais film comique ! Mon père était au volant quand on s'est fait arrêter par la police pour excès de vitesse. Ma mère a donc décidé de prendre le relais. Or, c'est la personne qui conduit le plus lentement que je connaisse ! Cela n'en finissait plus. Mais à peine avait-on fait la moitié du chemin que mon frère a eu la bonne idée d'avoir mal au cœur. Il a fallu trouver un endroit où s'arrêter !

– Eh bien ! Avec tout ça, tu as quand même réussi à arriver avant moi.

Luke sourit.

– Assez parlé de ma famille ! Je suis soulagé que tu ne les aies pas croisés.

– Moi aussi… Oups ! Je suis vraiment désolée. Je ne voudrais pas que tu croies que…

Mais Luke éclata de rire.

– Ne t'inquiète pas. Je vois tout à fait ce que tu veux dire. Moi aussi, je trouve ça embarrassant de rencontrer les parents de l'autre. Ta mère doit me trouver complètement débile.

– Pas du tout ! Elle te trouve charmant. Tu as été parfait ! Je…

De petits bruits sourds attirèrent leur attention.

Emily regarda autour d'elle, mais ne vit pas d'où cela provenait.

– Là-haut ! Regarde ! s'exclama Luke en montrant du doigt la fenêtre du dortoir des filles. On a un fan-club.

Grace et Jade donnaient des petits coups sur la vitre et leur faisaient de grands signes de la main.

Jade ouvrit la fenêtre et leur cria :

– Emily, Luke ! On a cru un moment que vous étiez Roméo et Juliette dans la scène du balcon ! Bon, c'est bientôt l'heure du dîner. Vous venez nous rejoindre ?

– D'accord ! lui répondit Emily.

Une fois que Jade eut refermé la fenêtre, elle se tourna vers Luke :

– Roméo et Juliette… N'importe quoi !

Luke pouffa de rire, les bras toujours autour d'Emily.

– Le temps se rafraîchit, ne trouvez-vous pas, Juliette ma tendre ? Auriez-vous l'amabilité de m'accompagner à la salle du banquet ?

Emily roula les yeux.

– Tu parles du réfectoire ? D'accord, Roméo !

*

Au réfectoire, Emily retrouva presque toutes ses amies. Il y avait Laura, que l'on pouvait apercevoir de loin avec ses boucles rousses, Molly, qui riait à gorge déployée, et Grace, qui vint à leur rencontre en courant.

– Salut, vous deux !

Elle embrassa Emily et salua Luke d'un signe de tête.

– En arrivant dans le dortoir, j'ai cru que des extraterrestres t'avaient kidnappée, Emily. Il y avait tes sacs jetés au pied du lit, intacts. Tu ne les as même pas défaits !

– Pas le temps ! fit Emily en lançant un regard complice à Luke.

Puis se tournant à nouveau vers Grace, elle enchaîna :

– Alors, ces vacances ? Tu t'es bien amusée ?

– Oui, c'était super. Je me suis reposée et j'ai passé beaucoup de temps avec ma mère... et encore plus avec mon chien ! On a fait de longues promenades à travers la campagne.

Emily fut ravie de voir Grace aussi détendue. Elle n'avait plus rien à voir avec la Grace stressée de l'année précédente.

Ils allèrent rejoindre d'autres élèves de cinquième à une table non loin. Emily mangea avec appétit, bavardant joyeusement avec ses camarades. Elle sentait la présence de Luke à son côté et devait se retenir de ne pas sourire bêtement de joie. La vie à l'école du Royal Ballet avait toujours été des plus excitantes, mais elle l'était encore plus depuis qu'elle avait un amoureux pour partager ses journées !

Après le repas, Emily réussit à convaincre Grace, Molly et Laura de jouer au billard avec les garçons. Matt, un de ses amis les plus proches, Danny, Nick et Luke, bien sûr, étaient de la partie.

Comme ils étaient trop nombreux, Emily, Molly, Luke et Matt acceptèrent d'attendre le deuxième tour.

– Premier match : Grace et Laura contre Danny et Nick, rappela Molly. Ensuite, ce sera Emily et Luke contre Matt et moi. Personne n'y voit d'inconvénient ?

– La victoire est dans la poche, déclara Matt d'une voix railleuse. Nos deux tourtereaux seront tellement occupés à se regarder dans le blanc des yeux qu'ils ne marqueront pas un seul point !

Luke secoua la tête.

– C'est ce que tu crois ! Je vois que tu n'as jamais entendu parler du fameux « coup de bluff des amoureux ». C'est une tactique imparable au billard.

– Faites croire à vos adversaires qu'ils ont l'avantage et dégommez-les en un rien de temps ! renchérit Emily.

Quelle bonheur d'être assise là, les doigts entrelacés avec ceux de Luke ! Jamais elle ne s'était sentie aussi bien.

Matt leva les yeux au ciel et afficha une moue dubitative.

– Belles paroles que tout ça, on verra bien si vous êtes aussi doués que vous le prétendez. Rira bien qui rira le dernier.

Le premier match fut gagné par les filles.

Quand Emily se mit en place pour jouer, elle avait l'impression de marcher sur un petit nuage. Elle ne cessait de se dire quelle chance elle avait d'être avec un garçon aussi adorable que Luke. Elle se pencha sur la table pour tirer le coup d'envoi, mais au lieu de se concentrer sur le jeu, elle ne cessait de penser à Luke… Ce qui lui fit rater la boule.

– Qu'est-ce que je te disais, Molly ! triompha Matt. Elle perd tous ses moyens.

– Je m'en fiche, rétorqua joyeusement Emily en lui décochant son plus beau sourire.

– Plus rien ne compte pour toi, maintenant ! la taquina Molly.

*

Le temps fila et il fut bientôt l'heure d'aller se coucher. Les élèves regagnèrent un à un leur dortoir et il ne resta bientôt plus qu'Emily et Luke dans la salle de jeux.

– J'ai passé une très bonne soirée, dit Luke, une main délicatement posée sur la joue d'Emily.

La jeune fille sourit, grisée par son regard si bleu.

– Moi aussi. C'était vraiment super.

Il se pencha vers elle et déposa un baiser sur ses lèvres qui la fit frissonner de bonheur.

– Bonne nuit, Emily. Je sens que je vais adorer ce trimestre !

– Moi aussi, balbutia Emily, la gorge nouée par l'émotion.

Cher Journal,

Quelle journée merveilleuse ! Je suis de retour à l'école où j'ai retrouvé Luke, mon petit ami (je n'en reviens toujours pas d'écrire ça !). Nous avons passé la soirée ensemble à jouer au billard avec les copains. Jade, Kate et les autres filles ont regardé un film à la télé, mais j'ai préféré rester avec Luke. Je l'adore ! Il est si craquant...

Bon, je ferais mieux d'arrêter là, car je n'ai toujours pas fini de défaire mes valises et Mme Parrish ne va pas tarder à signaler l'extinction des feux.

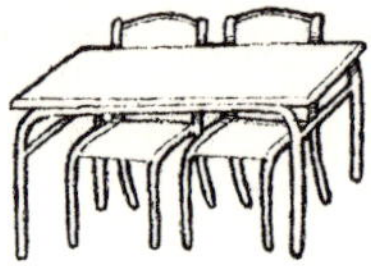

2

Le lundi matin, les cinquièmes avaient cours d'anglais, de chimie et de théâtre. Emily s'asseyait toujours à côté de Grace. Quelle ne fut pas sa joie en voyant Luke et Matt s'installer à la table voisine !

– Nous allons commencer l'étude d'une pièce de Shakespeare, annonça Mlle Swaisland, leur professeur d'anglais. Je suis sûre que vous en avez tous entendu parler. Il s'agit de *Roméo et Juliette.*

Grace donna un coup de coude complice à Emily qui lui fit de gros yeux en retour. Elle entendait déjà les sarcasmes de ses amies à la fin du cours !

– Est-ce que l'un d'entre vous pourrait nous faire un résumé de l'histoire ?

– Je crois qu'Emily en a très envie, mademoiselle, déclara Grace en se retenant de pouffer de rire.

Mlle Swaisland se tourna vers Emily.

– Si c'est le cas, nous t'écoutons, Emily.

Cette dernière lança un regard affolé à Luke qui lui décocha un sourire engageant. Elle s'éclaircit la voix et commença :

– En fait, je ne connais que le ballet. Je n'ai jamais lu la pièce de Shakespeare. Roméo et Juliette sont amoureux, mais leurs familles ne s'entendent pas. Ils sont obligés de se voir en cachette. Malheureusement, ils se font prendre et… c'est là que les choses commencent à mal tourner. Euh… Je crois qu'ils meurent tous les deux à la fin.

– Merci, Emily. C'est un bon début. Est-ce que quelqu'un veut ajouter quelque chose ?

Laura leva le doigt et tandis qu'elle parlait, Emily se tourna vers Grace :

– Mais qu'est-ce qui t'a pris ?

– Excuse-moi, la tentation était trop forte !

Emily se tourna alors vers Luke, qui haussa les épaules.

– Tu t'en es mieux sortie que je ne l'aurais fait, si cela peut te rassurer.

– Cela veut dire que tu ne vas pas me laisser tomber parce que je ne connais pas toutes les pièces de Shakespeare par cœur ?

Luke feignit de réfléchir à la question :

– Disons que…

– … et penses-tu qu'ils aient agi avec sagesse, Luke ? lui demanda Mlle Swaisland.

Luke se figea, les joues virant au rouge.

– Euh… oui, je pense que oui.

Le professeur leva un sourcil interrogateur.

– Vraiment ? Tu penses que les parents de Roméo et de Juliette avaient raison d'interdire aux jeunes amants de se voir ?

De plus en plus embarrassé, Luke s'agita sur sa chaise.

– Non ! Ce n'est pas ce que je voulais dire. Excusez-moi, mademoiselle, mais j'étais distrait. Je pense que leurs parents ont eu tort de s'opposer à leur amour.

Mlle Swaisland hocha la tête.

– Je préfère ça. Bon, maintenant que tout le monde écoute, je voudrais que l'on commence la lecture de la pièce.

Elle distribua un exemplaire du texte à chaque élève.

– Des volontaires pour jouer les rôles-titres ?

Emily se garda bien de lever la main, ne voulant pas attirer davantage l'attention sur la comparaison entre elle et Juliette.

Discrètement, Luke lui glissa un petit mot plié en deux.

Espérons que nos familles ne vont pas s'entretuer comme celles de Roméo et Juliette! avait-il écrit.

Emily étouffa un gloussement.

Pas d'inquiétude à avoir. Ma mère te trouve charmant! lui répondit-elle.

Quelques minutes plus tard, le papier lui revint dans les mains.

C'est parce qu'elle n'a pas encore rencontré mes parents! Ils vont lui faire détester la famille Bailey avant que tu n'aies le temps de dire ouf!

Emily pouffa de rire mais, craignant de se faire prendre, elle fit mine de tousser. Mlle Swaisland ne s'aperçut de rien, les rires d'Emily ayant été couverts par le brouhaha ambiant des élèves.

– Qu'y a-t-il de si drôle? lui demanda Grace à l'oreille.

Emily lui montra le petit mot de Luke.

– Il dit que ses parents sont complètement fous et que ma mère va les détester.

Grace gribouilla rapidement un petit sourire sur le papier.

De la part de Grace, écrivit Emily à Luke. *Ne t'inquiète pas. Tous les parents sont bizarres!*

– Est-ce un mot que je vois circuler, là-bas? demanda Mlle Swaisland en voyant Emily glisser le papier sur le pupitre de Luke.

Luke eut le réflexe de le couvrir avec son bras.

– Non, mademoiselle.

Mlle Swaisland fronça les sourcils et dit d'une voix sévère :

– J'espère que non. Parce que la seule chose que vous êtes censés lire en ce moment, c'est le texte de Shakespeare.

Puis elle marqua une pause, les yeux toujours fixés sur Luke.

– Bon, commençons, finit-elle par déclarer. Acte I, scène I…

Le cours se poursuivit, mais Emily eut du mal à se concentrer avec Luke à son côté. Malgré tous ses efforts, elle ne parvenait pas à fixer son attention sur ce qui se disait en classe, l'esprit entièrement occupé par Luke. Quand elle réussissait à le chasser de ses pensées, les passages romantiques du texte de Shakespeare le lui rappelaient ! Elle se surprenait alors à le regarder d'un air béat, le sourire aux lèvres. Ah, comme elle comprenait Juliette !

Perdue dans ses rêveries amoureuses, elle se rendit compte avec stupeur qu'elle n'avait pas noté les consignes des devoirs que Mlle Swaisland leur avait demandé de faire pour le cours suivant. La sonnerie avait retenti depuis une bonne minute et tous les autres élèves s'apprêtaient à quitter la salle.

– Qu'est-ce qu'on doit faire ? demanda Emily à Grace, qui avait déjà rangé son cahier de texte.

– Alors, comme ça, on avait la tête ailleurs ? Je te montrerai plus tard. Viens, on va être en retard en chimie !

Emily rassembla ses affaires et se dépêcha d'emboîter le pas à son amie, tout en cherchant Luke des yeux.

Il se trouvait juste derrière elle. Quand il parvint à sa hauteur, il glissa sa main dans la sienne. Quelqu'un les siffla dans le couloir. C'était Matt, constata Emily en se retournant. Elle ne manqua pas de rougir. Pour la millième fois de la journée, songea-t-elle.

– On pourrait s'asseoir ensemble en cours de chimie ? lui proposa Luke.

Emily jeta un coup d'œil à Grace qui bavardait joyeusement avec Laura et Isabelle.

– En général, je suis avec Grace..., commença-t-elle, déchirée à l'idée de devoir choisir entre sa meilleure amie et son petit copain.

Elle ne pouvait pas laisser tomber Grace...

Luke sourit.

– Je comprends. De toute façon, je ne crois pas que ce soit une bonne idée de travailler ensemble ! Regarde ce qui s'est passé en anglais ! Je n'ai rien suivi du cours. J'avais beau essayer de me concentrer sur ce que disait Mlle Swaisland, je ne pensais qu'à…

Il plongea ses yeux dans les siens pour les détourner aussitôt.

– … à toi. Tu es si jolie!

Emily crut défaillir de joie.

– Merci, lui répondit-elle dans un souffle.

Il y eut un silence.

– Quel charmeur tu fais! lança-t-elle d'une voix plus enjouée.

– Oui, c'est tout moi, dit-il en riant. Heureusement qu'on ne fait pas équipe, finalement. Je risquerais de faire sauter l'école parce que je serais trop occupé à t'admirer au lieu d'écouter la prof.

Emily pouffa de rire avant de reprendre son sérieux:

– Ne parle pas de faire sauter l'école, même pour rire. Ce n'est absolument pas drôle!

Après les cours de chimie et de théâtre, les élèves se rendirent au réfectoire pour le déjeuner. L'après-midi commença avec le cours de ballet. Emily enleva son pull et son bas de survêtement avant de prendre place à la barre, le cœur léger. La danse et Luke…, songea-t-elle en s'échauffant. Elle avait décidément tout pour être heureuse!

Mlle Black, leur professeur de ballet, fit son entrée dans le studio quelques minutes plus tard.

– Bonjour ! Je suis contente de vous retrouver. J'espère que vous avez toutes passé d'excellentes vacances.

Isabelle leva la main et lui posa la question que toutes brûlaient de poser :

– Mademoiselle Black, savez-vous quand aura lieu l'audition pour *Le Lac des cygnes* ?

Emily posa les yeux sur son amie. Isabelle avait intégré l'école au deuxième trimestre de l'année de sixième. Elle n'avait donc pas pu participer au spectacle de Noël du Royal Ballet et tenait à se rattraper cette année.

– L'audition pour *Le Lac des cygnes* est prévue ce vendredi.

Des murmures d'excitation s'élevèrent dans la pièce.

– Comme l'année dernière, elle se passera en classe, précisa Mlle Black avec le sourire. Vous n'avez donc rien de spécial à faire sinon venir en cours et donner le meilleur de vous-mêmes. La seule différence avec un cours habituel sera la présence du directeur de l'Opéra royal et de son adjoint. Ne vous en faites pas, vous les remarquerez à peine !

– Bien sûr ! s'exclama Laura avec une moue dubitative.

– Je sais que c'est intimidant de se faire scruter par un jury, mais on m'a dit qu'ils assisteraient à tout le cours, alors j'espère que, passé les premiers moments, vous arriverez à surmonter votre trac pour faire honneur à votre formation.

Mlle Black parcourut rapidement une feuille qu'elle tenait à la main avant d'enchaîner :

– Comme à l'accoutumée, il y aura deux distributions : la distribution A et la distribution B, qui se partageront les représentations. Dans ce ballet, les rôles réservés à la Lower School vont uniquement aux filles. Vous interpréterez, bien sûr, les petits cygnes de l'acte II, mais il y a également deux rôles de jeunes filles dans l'acte I.

Les jointures des doigts d'Emily étaient toutes blanches tellement elle serrait fort la barre. Ah, si seulement elle décrochait un rôle !

– Bon, reprit Mlle Black. Il est temps, maintenant, de commencer le cours si vous voulez être prêtes pour vendredi. Après une semaine de vacances, vos corps ont besoin de reprendre le rythme. Personne, j'en suis sûre, n'a envie de se sentir rouillée devant le jury !

Ce soir-là, l'audition pour le spectacle de Noël fut de toutes les conversations.

– On va se coucher tôt, cette semaine, déclara Grace tandis que les filles se changeaient pour aller dîner. On doit être en forme pour vendredi !

– J'ai hâte d'y être, dit Molly en enfilant un jean, même si je sais que je ne serai pas prise.

– Et pourquoi pas ? demanda Emily. C'est vrai que tu n'es ici que depuis quelques semaines, mais tu es une très bonne danseuse.

Molly esquissa un sourire dubitatif.

– Tout le monde sait que j'ai beaucoup de retard à rattraper. Ne te sens pas obligée de me dire le contraire, Emily. Je le vis bien, maintenant.

Elle prit une chemise dans son armoire et l'enfila.

– Passer l'audition me suffit, pour le moment. C'est bien assez de stress comme ça. On verra l'année prochaine !

Grace fit une grimace.

– J'admire ta façon de prendre les choses, avoua-t-elle. Toi, au moins, tu ne risques pas de t'effondrer devant le directeur à cause du stress. Ce n'est pas comme moi ! Dès qu'il y a un enjeu important, je perds tous mes moyens.

Emily lança un regard compatissant à son amie.

Pour avoir vu Grace craquer plusieurs fois, elle savait que les auditions ou les examens étaient toujours un moment difficile à passer pour elle.

– Quoi qu'il en soit, moi, je pense qu'on a toutes les quatre des chances d'être sélectionnées, déclara-t-elle avec enthousiasme. Je suis prête à parier que les quatre filles de la Pièce suivante seront prises !

Cher Journal,

Le premier jour de classe a été particulièrement génial. On a enfin appris quand et comment aura lieu l'audition pour Le Lac des cygnes. *Je vais mettre les bouchées doubles pour décrocher un rôle.*

Grace voulait qu'on se couche tôt pour être en forme... mais j'ai passé la soirée avec Luke. On a joué au billard. Cette fois-ci, j'ai gagné toutes les parties. J'ai réussi tous mes coups ! C'était super.

Les garçons de la classe sont déçus car il n'y a pas de rôle pour eux dans le spectacle. Luke avait l'air particulièrement triste. Il n'avait pas été sélectionné pour Casse-Noisette *et pensait pouvoir prendre sa revanche cette année. Il a cependant promis de s'entraîner avec moi, demain soir. C'est vraiment adorable de sa part. Je crois que Matt et Grace vont se joindre à nous. Danser avec Luke... J'ai l'impression de vivre dans un rêve !*

3

– Veuillez sortir l'exercice que je vous ai donné à faire, dit Mlle Swaisland. Nous allons le corriger ensemble.

En entendant ces mots, Emily baissa les yeux, l'estomac noué. À trop penser à Luke, elle avait complètement oublié de demander à Grace ce qu'il y avait à faire et pesta intérieurement en voyant les petits cœurs dessinés dans son cahier de texte au lieu des consignes de leur professeur.

– Grace, murmura-t-elle. Est-ce que je peux regarder ce que tu as fait, s'il te plaît ? Je suis désolée, mais je n'ai pas…

Grace poussa son cahier d'exercices au milieu de la table.

« Paraphrasez la scène I de l'acte I », lut Emily.

L'écriture soignée de Grace s'étalait sur deux

ou trois pages, constata-t-elle avec amertume. Comment Grace avait-elle eu le temps de traduire en anglais contemporain l'intégralité de la scène d'introduction alors qu'elle s'était entraînée avec Matt, Luke et Emily la veille au soir ?

– Quand est-ce que tu as fait tout ça ?

– Lundi soir.

Bien sûr ! Quand Emily jouait au billard avec Luke et les autres.

– Je n'en reviens pas d'avoir oublié ! Heureusement que tu es là. Tu me sauves la vie !

– Grace, la roue de secours !

Cette dernière souriait mais dans ses yeux semblait luire comme un reproche.

Oh non ! Est-ce que cela voulait dire que Grace lui en voulait ?

– Tout le monde est prêt ? demanda Mlle Swaisland.

Elle parcourut la classe des yeux et s'arrêta sur Oliver Stafford et Simon Down, assis au premier rang.

– Messieurs, voulez-vous commencer, s'il vous plaît ? Oliver, donne-nous ta version des répliques de Montaigu. Simon, à toi le rôle de Benvolio.

Le malaise d'Emily grandissait à mesure que le cours avançait. Jamais auparavant elle n'avait oublié de faire ses devoirs. Jamais. Même quand il avait fallu s'entraîner d'arrache-pied pour le spectacle d'été à la fin du dernier trimestre, elle avait réussi à rester studieuse.

« Le travail d'abord, le plaisir ensuite », disait sa mère quand elle avait une pile de factures à régler, du repassage ou une lessive à faire. Elle s'efforçait toujours de finir ses corvées avant de s'adonner à la lecture ou de regarder la télévision. Emily avait entendu cette phrase toute son enfance, et voilà qu'elle venait de faire le contraire ! Il lui tardait tellement de retrouver Luke après les cours, qu'elle en oubliait le plus important : ses études !

Elle jeta un coup d'œil vers Luke et constata que, contrairement à elle, il avait fait ses devoirs… Le problème venait donc uniquement d'elle. Emily-tête-en-l'air devait revenir sur terre, et vite !

Le sentiment de malaise ne la quitta pas de tout le cours.

Quand Mlle Swaisland leur demanda de laisser leur cahier d'exercices sur leur table pour qu'elle puisse les noter, Emily attendit que tous les élèves aient quitté la salle pour aller lui parler en privé.

– Mademoiselle Swaisland ? Je suis vraiment désolée, mais j'ai oublié de faire mes devoirs. Est-ce que je peux vous rendre l'exercice demain ?

Ne s'attendant pas à une telle requête, Mlle Swaisland ne répondit pas tout de suite.

– Si tu le déposes dans mon casier, demain à la première heure, finit-elle par concéder, je ne t'en tiendrai pas rigueur. Mais que cela ne se reproduise pas, Emily. Je ne veux pas que cela devienne une habitude. Tu as toujours été une de mes élèves les plus studieuses. Je ne voudrais pas que cela change.

– Moi non plus, mademoiselle, lui assura Emily en déglutissant avec peine. Je vous promets de vous le rendre demain matin à la première heure, avant le petit déjeuner !

Mlle Swaisland sourit avec bienveillance.

– Avant neuf heures, ce sera parfait. Je ne voudrais pas te voir mourir de faim à cause de Roméo et Juliette !

Emily esquissa un sourire contrit et remercia le professeur de son indulgence. Elle était soulagée de voir que Mlle Swaisland ne lui en voulait pas, mais elle avait retenu la leçon. Il n'était pas question d'avoir à refaire ce genre de confession !

– À partir de maintenant, ce sera le travail avant le plaisir ! se promit-elle en filant rejoindre les autres pour le déjeuner.

– Tu te parles toujours à voix haute ou est-ce seulement le mercredi ?

C'était Luke qui l'attendait à la porte du réfectoire.

– Seulement quand j'oublie de faire mes devoirs. Je n'en reviens toujours pas que cela ait pu m'arriver !

Quand elle parvint à sa hauteur, Luke lui passa un bras autour des épaules et ils allèrent déjeuner ensemble.

– Je me demande à quoi tu pensais pour en oublier de travailler ? la taquina-t-il.

– Je pensais à quelque chose de grand, de blond…

Il suffisait qu'elle pose les yeux sur lui pour que s'envolent tous ses soucis !

Grace et les autres faisaient la queue devant le self-service.

– Alors, qu'est-ce qu'elle t'a dit ? voulut savoir Grace quand Emily vint la rejoindre, un plateau à la main.

– De qui tu parles ?

– De Mlle Swaisland, voyons ! Qu'est-ce qu'elle t'a dit pour l'exercice de paraphrase ?

– Oh, elle a dit que ce n'était pas grave, dit Emily d'un air penaud.

La présence de Luke lui avait complètement fait oublier cet épisode calamiteux.

– Je dois le faire ce soir et le lui rendre demain matin.

Luke eut une moue déçue.

– Je croyais qu'on devait s'entraîner ensemble, ce soir ?

Emily ne sut quoi lui répondre, ayant oublié qu'ils étaient convenus de travailler la danse après le repas.

– Je te rejoins dès que j'ai fini mon exercice d'anglais, lui proposa-t-elle.

– C'est dommage que j'aie déjà rendu le mien, dit-il en se servant une assiette de légumes, sinon tu aurais pu le recopier. Mais je suis sûr que cela ne te prendra pas beaucoup de temps. On pourra quand même danser, ce soir, n'est-ce pas ?

Le sourire de Luke faillit avoir raison des bonnes résolutions d'Emily.

– On a un contrôle de géographie, demain, lui rappela Laura. J'espère que tu ne l'as pas oublié !

Emily poussa un soupir accablé et posa une assiette de pommes de terre sur son plateau.

– Je crois que je vais limiter les dégâts en travaillant toute la soirée. Désolée, Luke.

Malgré sa déception, Luke lui sourit :

– Ce n'est pas grave.

Mais ses yeux ne pétillaient plus, constata Emily, le cœur lourd.

C'était plus qu'elle ne pouvait supporter.

– Attends, je suis sûre que ça peut s'arranger, lui assura-t-elle en évitant soigneusement de croiser le regard désapprobateur de Grace. L'exercice d'anglais ne devrait effectivement pas me prendre beaucoup de temps, maintenant qu'on l'a corrigé en classe. Je m'y mettrai à l'heure du goûter, comme ça, on pourra danser après dîner. Je finirai mon anglais et réviserai la géo juste avant de me coucher. Ça te convient ?

– C'est parfait.

Emily fixa les premières lignes de *Roméo et Juliette* en essayant de se souvenir de ce qui avait été dit en cours d'anglais. Comment Oliver Stafford avait-il traduit les répliques d'ouverture ? Si tout lui avait semblé clair en classe, les mots de Shakespeare lui paraissaient soudain complètement hermétiques.

Emily s'efforça d'ignorer son estomac qui criait famine, mais après un cours intensif de ballet avec Mlle Black, il était difficile de sauter le goûter. Au lieu de réfléchir, elle ne cessait de penser aux autres qui devaient se régaler en ce moment même au réfectoire ! Ne parvenant pas à se concentrer, elle décida d'aller grignoter quelque chose vite fait avant de revenir travailler.

« Le travail d'abord, le plaisir ensuite », lui rappelait une petite voix dans sa tête.

« Mais il est important de se nourrir quand on est danseuse, songea-t-elle aussitôt. Je n'en ai que pour deux minutes. »

Quand Emily leva les yeux sur l'horloge, son cœur fit un bond. Il ne lui restait plus que deux minutes avant le cours de natation ! Le cours de danse avait en effet duré plus longtemps, ce jour-là. Tant pis pour l'exercice d'anglais, elle devait aller prendre quelque chose à manger si elle voulait avoir assez de force pour nager.

Elle attrapa son maillot de bain et se précipita au réfectoire. Vite, vite, ou elle finirait par être en retard !

D'habitude, Emily adorait nager. Le contact de l'eau la calmait. C'était si agréable de s'étirer dans l'eau et de se sentir flotter. Surtout après un cours de ballet harassant !

Ce jour-là pourtant, impossible de se détendre. Elle ne pouvait s'empêcher de penser à tout ce qu'il lui restait à faire avant d'aller se coucher. En plus de l'exercice d'anglais, elle devait préparer le contrôle de géographie, ce qui ne l'enchantait guère. Après cela, ou avant – elle ne savait plus dans quel ordre elle était censée faire les choses –, elle devait rejoindre Luke pour s'entraîner un peu.

« Il faudra bien que je dorme aussi, songea-t-elle. Mais quand vais-je trouver assez de temps ? »

– Qui vient regarder *Quatre mariages et un enterrement*?

Emily, qui était allongée sur son lit, leva les yeux de son cahier et vit Laura, la tête passée dans l'entrebâillement de la porte.

– Non, merci. Je n'ai pas fini mon exercice d'anglais et je n'ai pas encore commencé à réviser la géographie.

M. Whitehouse les avait prévenus avant les vacances qu'ils auraient une évaluation de connaissances, mais cela lui était complètement sorti de la tête. Quelle idée de faire un contrôle la semaine de la rentrée des vacances de la Toussaint! C'était vraiment injuste.

– Et toi, Grace? Molly? Jade?

Grace, qui avait fini ses révisions, s'assit sur son lit et s'étira longuement.

– J'arrive! lança-t-elle à Laura. J'ai déjà vu cette comédie romantique des tas de fois, mais je l'adooore. Et puis, à force de relire mes cours de géo, j'ai l'impression de les connaître par cœur.

– Je viens aussi, déclara Jade en sautant sur ses pieds. Je ne connais pas mes leçons de géo par cœur, mais je pense que je devrais m'en sortir pas trop mal.

– Je vous rejoins dans cinq minutes, dit Molly. Je finis d'écrire la carte d'anniversaire de mon frère et j'arrive !

Emily soupira tellement fort en voyant ses amies quitter le dortoir que son souffle fit tourner une page du texte de Shakespeare. Ses yeux se posèrent machinalement sur une réplique de Roméo :

Oh, que les heures tristes semblent longues !

– Tu m'enlèves les mots de la bouche, Roméo, grommela Emily pour elle-même avant de reprendre le texte où elle s'était arrêtée.

C'était Montaigu qui répondait à Benvolio :

Voilà bien des matinées qu'on l'a vu là,
Augmenter de ses larmes la fraîche rosée du matin.

– Au secours ! Ça va me prendre des heures et des heures à tout traduire en anglais contemporain ! Qu'est-ce qu'il veut dire par « augmenter de ses larmes » ?

– Montaigu parle de Roméo qui pleure d'amour pour Juliette, intervint Molly. En coulant, ses larmes s'ajoutent à la rosée du matin.

Emily releva la tête.

– Comment fais-tu pour comprendre ce charabia ?

– Rien de tel que le travail d'équipe. Lundi soir, Grace, Jade et moi avons travaillé ensemble. C'est plus facile quand on réfléchit à plusieurs.

– La prochaine fois, je ferai mes devoirs avec vous ! souffla Emily en faisant la grimace.

Quand Molly s'en fut rejoindre les autres dans la salle commune, Emily se retrouva seule et finit tant bien que mal son exercice d'anglais. Elle ne s'appliqua pas autant qu'elle aurait dû, mais elle n'en avait plus le temps.

« Je ferai mieux la prochaine fois, se promit-elle. Et puis surtout, je ne m'y prendrai pas à la dernière minute ! »

La pendule affichait vingt heures quand elle attrapa ses chaussons de danse pour aller rejoindre Luke. Sur le pas de la porte, elle hésita une seconde et se retourna. Son classeur et son manuel de géographie étaient empilés sur sa table de chevet… Elle n'y avait pas encore touché.

« Une demi-heure… Je reviens dans une demi-heure et je m'y mets », se dit-elle avant de tourner les talons.

Le cœur battant, elle poussa la porte du studio où devait l'attendre Luke. Elle le trouva en compagnie de Matt et d'Alice. Une pointe de jalousie l'aiguillonna en le voyant danser avec cette dernière, la faisant tournoyer dans ses bras et riant aux éclats. Que se passait-il ? Luke avait insisté pour qu'ils dansent ensemble et le voilà qui dansait avec une autre fille !

Emily se mordit la lèvre inférieure, ravalant les larmes qui commençaient à lui monter aux yeux.

– Salut ! lança-t-elle d'une voix qu'elle s'efforça de faire paraître joyeuse.

Puis elle enfila ses chaussons en prenant soin d'éviter le regard de Luke.

« Garde ton calme », se dit-elle en se rappelant qu'il lui avait assuré qu'Alice ne l'intéressait pas. Les images de la soirée disco avant les vacances de la Toussaint lui revinrent à l'esprit. Emily était alors persuadée qu'il y avait quelque chose entre Luke et Alice jusqu'à ce qu'il lui ait juré le contraire… Même en sachant qu'ils n'étaient qu'amis, Emily ne pouvait s'empêcher d'éprouver de la jalousie.

– Emily ! Je commençais à croire que tu ne viendrais jamais ! On faisait les fous en t'attendant. Maintenant que tu es là, on va se mettre à travailler sérieusement, d'accord ? Alice s'est jointe à nous.

Emily sourit, le cœur soudain plus léger.

– Donnez-moi deux minutes pour m'échauffer et je suis à vous ! Par quoi voulez-vous commencer ?

– Matt et moi avons besoin de travailler nos tours en l'air. On va profiter de ton échauffement pour s'y mettre tout de suite.

– Moi, il faut que je travaille mes sissonnes, confia Alice. Je sais que Mlle Black nous en a fait faire au moins cinq cents, cet après-midi, mais je ne suis toujours pas au point. Tu veux bien en faire avec moi quand tu seras prête ?

– Pas de problème.

Emily désigna l'horloge murale du menton et précisa :

– Je n'ai qu'une demi-heure, ce soir, parce que je n'ai pas encore révisé mes leçons de géo. Vous êtes prêts pour le contrôle de demain ?

Luke haussa les épaules.

– J'avais commencé à relire mes notes pendant les vacances. Il n'y a pas grand-chose à apprendre. Ce ne sont que des connaissances générales sur la Grande-Bretagne : les grandes villes, les principales importations et exportations, les différentes industries, l'évolution de la démographie et ce genre de choses.

Emily fit une grimace.

– C'est facile quand on a vécu toute sa vie en Grande-Bretagne !

Originaires des États-Unis, Emily et sa mère n'habitaient en Angleterre que depuis deux ans. Emily n'arrivait toujours pas à situer précisément les grandes villes britanniques, alors les principales importations et exportations, ça n'était même pas la peine d'en parler !

– Oh, là, là, je vais devoir y passer la nuit ! se plaignit-elle.

Pour l'heure, il s'agissait de danse, se dit-elle en s'installant devant la barre et en chassant de ses pensées tout ce qui avait trait à la géographie. Elle se concentra sur chacun de ses muscles, sur la position de ses doigts, sur la courbure de son cou. Son corps se détendit au fil des mouvements familiers. Puis Emily et Alice peaufinèrent leurs sissonnes avant de se joindre à Matt et Luke pour travailler les grands jetés.

Le temps passa en un éclair.

Quand Emily consulta l'heure, elle se rendit compte avec stupéfaction qu'il était déjà bientôt vingt et une heures !

– Oh non ! s'écria-t-elle en courant chercher ses affaires. Je dois y aller ! L'extinction des feux est dans moins d'un quart d'heure !

– Hé ! Ne t'en va pas comme ça, la rappela Luke. On ne s'est même pas dit bonne nuit.

Il lui saisit la main et y déposa un baiser avant de l'embrasser tendrement sur la bouche. Puis, il balaya une mèche rebelle qui lui retombait sur les yeux et lui susurra :

– C'était super, merci d'être venue.

Emily lui rendit son sourire. Le visage de Luke respirait la sérénité. Avec lui, les choses paraissaient si simples !

– De rien, lui répondit-elle, subitement gênée par sa façon de la fixer. Il faut que j'y aille. Je dois réviser la géo avant l'extinction des feux.

Alice enfila son pull et lui emboîta le pas.

– Bonne nuit, les garçons. À demain !

Emily et Alice regagnèrent leur dortoir respectif. Emily se dépêcha de prendre une douche, de se brosser les dents et de se mettre en pyjama.

Au fil des minutes, son estomac se nouait davantage. Elle n'avait pas eu le temps de jeter un coup d'œil à ses leçons de géographie alors que c'était le premier cours de la journée du lendemain. Elle courait droit à la catastrophe ! D'autant qu'elle ne pouvait compter sur sa culture générale pour répondre à des questions sur la Grande-Bretagne…

– Ça va, Emily ? s'enquit Grace qui la voyait tout agitée. Tu m'as l'air un peu… stressée.

– C'est parce que je le suis ! Je suis sûre d'avoir une mauvaise note au contrôle de demain. Je n'ai pas vu le temps filer et…

– Bonne nuit, les filles ! lança au même moment Mme Parrish en passant la tête dans l'entrebâillement de la porte. C'est l'heure de se coucher. Je vais éteindre les lumières. Vous êtes prêtes ?

– Presque ! dit Emily en se glissant entre ses draps. Voilà !

Elle n'avait pas eu le temps de se sécher les cheveux et croisa les doigts pour que leur surveillante de dortoir ne s'en aperçoive pas.

– Bonne nuit ! À demain matin !

Mme Parrish tourna l'interrupteur et l'obscurité se fit dans la chambre des filles.

– Bonne nuit ! répondirent en chœur Emily, Jade, Grace et Molly.

Dès que Mme Parrish fut partie, Emily alluma sa lampe de poche et s'assit en tailleur sur son lit, le livre de géographie posé sur ses genoux. La fatigue de la journée se faisait cruellement ressentir, mais elle n'avait pas d'autre choix que de travailler. Si elle ne parvenait pas à mémoriser un minimum d'informations sur la Grande-Bretagne avant de se coucher, elle allait le payer très cher.

– Bonjour, les filles ! Tout le monde debout !

Emily grogna en entendant la voix enjouée de Mme Parrish la tirer d'un sommeil agité. Était-ce seulement le matin ? Elle avait fait un cauchemar horrible dans lequel elle avait loupé un bus devant relier Londres, Birmingham, Manchester, Édimbourg et la capitale du pays de Galles. Elle avait dû rejoindre ces villes par ses propres moyens, mais, ne sachant pas où elles se trouvaient, elle n'avait cessé de tourner en rond.

– Tu te sens bien, Emily ? s'inquiéta Molly en la voyant s'attarder au lit, la tête enfouie sous sa couverture.

Emily repoussa ses draps et s'étira longuement.

– Je suis exténuée. J'ai mal dormi et je n'ai pas arrêté de penser au contrôle de ce matin.

– Ne t'inquiète pas, la rassura Jade, tout se passera bien. M. Whitehouse ne va pas nous en demander trop alors qu'on revient tout juste de vacances !

– J'espère que tu as raison, fit Emily en bâillant à s'en décrocher la mâchoire. Si seulement il pouvait avoir oublié que le contrôle est pour aujourd'hui ! Avec un peu de chance, il pense nous l'avoir donné avant les vacances, ou il…

– Tu nages en plein rêve, l'interrompit Grace avec un sourire mi-figue mi-raisin. Allez, dépêche-toi de te lever. À dix heures, on n'en parlera plus. Plus que trois heures à tenir !

Luttant contre le sommeil et la fatigue, Emily prit son petit déjeuner comme une somnambule. Elle profita des dix minutes qu'il restait avant le cours de géographie pour réviser en vitesse.

Ce ne fut qu'en entrant dans la salle de classe qu'elle se rappela qu'elle devait déposer son devoir d'anglais dans le casier de Mlle Swaisland avant neuf heures ! Or, son cahier était resté sur sa table de chevet…

– Où est Roméo quand on a besoin de lui ? grommela-t-elle avec accablement.

Luke la dévisagea sans comprendre.

– Oh, j'ai oublié mon exercice d'anglais dans ma chambre alors que Mlle Swaisland m'avait donné jusqu'à ce matin neuf heures pour le lui rendre.

– Je ne sais pas où est passé ce bon vieux Roméo, dit Luke avec un sourire, mais je peux aller chercher ton cahier, si tu veux.

Emily haussa les épaules.

– Pas question. Tu risques gros si on te surprend dans le dortoir des filles.

– Comme tu voudras. C'est dommage, car j'en aurais profité pour jeter un coup d'œil dans ton journal intime.

– J'y vais. Reste ici, toi. Ce n'est pas la peine d'espérer lire mon journal un jour, Luke. Je ne t'en laisserai jamais l'occasion !

L'idée que Luke ou que quiconque puisse lire ses pensées les plus secrètes lui donna des ailes. Elle fila à toute allure à l'étage prendre son cahier et courut le déposer dans le casier de Mlle Swaisland avant de retourner en cours de géographie.

Le visage rouge et à bout de souffle, elle fit irruption dans la salle de classe et fonça droit sur M. Whitehouse pour s'excuser de son retard.

– Je suis désolée, monsieur, mais j'avais quelque chose d'urgent à faire.

M. Whitehouse hocha la tête et lui fit signe de baisser la voix. Emily se rendit compte qu'autour d'elle, tous les élèves étaient déjà penchés sur leur contrôle.

– Assieds-toi, Emily, lui murmura M. Whitehouse. Le questionnaire est posé sur ton pupitre. Dépêche-toi, les autres ont commencé il y a déjà cinq minutes.

Emily prit place, confuse.

Les cheveux en bataille, elle avait encore les joues en feu et transpirait d'avoir tant couru. Un étrange sentiment de malaise s'empara d'elle. Elle avait l'impression que tout lui échappait, qu'elle avait beau se démener dans tous les sens, elle ne parvenait à faire les choses qu'à moitié… Et cela ne faisait que quelques jours que l'école avait repris !

Cher Journal,

Quelle horrible journée ! J'ai eu 3/20 au contrôle de géographie...

Grace n'a pas été d'un grand réconfort en me reprochant d'avoir passé trop de temps avec Luke.

Elle a bien regardé un film, hier soir, lui ai-je fait remarquer ! Elle m'a répondu que cela n'avait rien à voir, qu'elle n'aurait pas regardé ce film si elle n'avait pas fini de réviser ses leçons. Moi qui pensais qu'elle me remonterait le moral !

Je me demande si elle n'est pas jalouse parce que j'ai un amoureux et pas elle...

4

– Reprends-toi, Molly ! Inspire profondément et reste calme.

Emily tourna la tête vers Molly qui se parlait à elle-même tout en fixant son reflet dans le miroir d'un air sévère.

– Ça va ? lui demanda Emily.

Jamais Molly ne lui avait paru aussi tendue ni aussi pâle.

Molly eut un mouvement de recul, embarrassée d'avoir parlé à voix haute.

– Ça va… En fait, je t'avoue que ce n'est pas la grande forme, répondit-elle avec nervosité. J'ai le trac.

Ce vendredi après-midi-là avait en effet lieu l'audition pour *Le Lac des cygnes*. C'était un cours de ballet comme les autres, à la différence que le directeur et quelques professeurs allaient y assister. Toutes les filles étaient nerveuses. Il régnait dans le studio de danse une atmosphère électrique. Au terme de ces deux heures de cours, le jury sélectionnerait celles qui auraient un rôle dans le spectacle de Noël de l'Opéra royal. La pression était donc à son comble.

– Je sais que c'est idiot d'avoir le trac, parce que je n'ai aucune chance d'être sélectionnée, mais c'est plus fort que moi. Certaines d'entre vous ont déjà dansé sur la scène de l'Opéra royal, alors que pour moi, c'est… C'est au-delà de tout ce que j'ai pu rêver ! Savoir que ce rêve pourrait se réaliser…

Un peu plus loin, Isabelle acquiesçait de la tête.

– Je te comprends, déclara-t-elle. Je ressens la même chose, même si j'ai dansé à l'Opéra royal cet été. Ce n'était qu'une journée, mais je ne l'oublierai jamais. Moi non plus, je n'étais pas là, l'année dernière, pour l'audition de *Casse-Noisette*. Cette année, je ne voudrais louper l'occasion de danser avec la troupe du Royal Ballet pour rien au monde !

Elle fronça les sourcils et ajouta :

– Il faut qu'on se surpasse, aujourd'hui. On doit leur montrer qu'on sera les petits cygnes les plus gracieux qu'ils aient jamais vus.

Laura sourit.

– Allez, petits cygnes, commencez votre échauffement. Il y a un jury à impressionner !

Emily se tourna vers la barre et entama une série d'étirements. Elle sentait le taux d'adrénaline monter dans ses veines à mesure que les minutes défilaient. *Le Lac des cygnes* était l'un de ses ballets favoris, il fallait absolument qu'elle fasse partie de la distribution ! Pour cela, elle devait être parfaite.

À côté d'Emily, Grace s'échauffait consciencieusement, silencieuse depuis le début du cours. Emily savait qu'il valait mieux ne pas lui parler de l'audition maintenant pour ne pas ajouter à son stress. Pauvre Grace ! Elle gardait toujours tout pour elle-même au lieu d'exprimer ses peurs.

– Bonjour, tout le monde !

C'était Mlle Black qui entrait dans le studio.

– Bonjour, mademoiselle Black, lui répondirent les filles en interrompant leurs exercices pour l'accueillir.

Emily se raidit en reconnaissant l'homme et la femme qui venaient juste derrière elle, un bloc-notes à la main. Les membres du jury… Un frisson d'excitation lui parcourut le dos. L'audition allait commencer !

– Bonjour, mesdemoiselles, déclara l'homme en faisant un petit signe de la main. Je m'appelle Alex.

Et voici Joanna. Nous allons assister à votre cours de ballet, aujourd'hui.

Joanna, qui portait un chapeau noir et un tailleur gris très élégant, leur adressa un sourire chaleureux et dit à son tour :

– Faites comme si nous n'étions pas là. Vous danserez bien mieux si vous ne vous concentrez pas sur notre présence, mais sur vous-mêmes.

– Facile à dire, murmura Molly en se rongeant l'ongle du pouce. Dites-moi, les filles, je rêve ou c'est vraiment vrai ce qui nous arrive ?

– Calme-toi, lui souffla Emily. Essaie de te détendre.

– Veuillez finir votre échauffement, enchaîna Mlle Black. Ensuite, nous pourrons commencer.

Emily reprit sa place à la barre sans tarder.

« Concentre-toi, Emily. C'est très important. Tu dois briller comme une vraie ballerine ! »

Quand le cours commença, Emily eut du mal à se concentrer. D'habitude, dès qu'elle mettait le pied dans un studio, tout ce qui n'avait pas trait à la danse lui sortait de la tête. Or, ce jour-là, et malgré l'enjeu, Luke ne cessait de s'immiscer dans ses pensées, tellement elle avait hâte de le retrouver.

Au milieu, les filles durent exécuter une série de sissonnes, sautant en appui sur les deux jambes, mais faisant la réception sur une seule. Ravie de s'être entraînée avec Alice sur cette figure en particulier quelques jours auparavant, Emily s'efforça de chasser de son esprit le visage souriant de Luke pour se concentrer uniquement sur la danse.

Après les sissonnes vint une série de pirouettes. Mlle Black leur demanda de se mettre en ligne dans un coin de la salle pour pouvoir s'élancer sur toute la diagonale. En attendant son tour, Emily se mit à penser à nouveau à Luke. Comme ce serait génial de décrocher un rôle dans le spectacle ! Il pourrait venir la voir danser sur la scène de l'Opéra royal...

– À toi, Emily !

La voix de Mlle Black tira Emily de ses rêveries.

Pendant une fraction de seconde, Emily eut un blanc... Que devait-elle faire, déjà ? Ah oui, une série de pirouettes ! Elle s'élança à travers le studio, essayant de faire exactement comme le professeur le leur avait montré, avec le plus de légèreté possible. Une fois de l'autre côté du studio, elle crut défaillir. Il s'en était fallu de peu que cette audition ne tourne à la catastrophe ! Le souffle court, Emily s'agrippa à la barre et ferma les yeux. Elle devait se ressaisir et chasser Luke de son esprit jusqu'à la fin du cours !

*

– C'était horrible, lança Molly en se laissant tomber à la renverse sur son lit.

Emily acquiesça. Ces deux longues heures d'audition avaient eu raison de leur enthousiasme. Emily savait qu'elle n'avait pas donné le meilleur d'elle-même. Même si elle avait réussi à chasser Luke de son esprit durant toute la fin du cours, elle s'en voulait encore d'avoir eu un moment d'inattention. Il ne lui restait plus qu'à prier pour que le jury ne s'en fût pas rendu compte.

« Au moins, c'est fini », songea-t-elle avec accablement.

– Tu as été parfaite, Grace, la félicita Jade. De bout en bout. Je ne t'avais jamais vue aussi détendue. Bravo.

– Merci, répondit Grace en rougissant. C'est vrai que je ne me sentais pas stressée, pour une fois. C'est la première audition où je me suis sentie en confiance et où je n'ai pas perdu tous mes moyens.

– Moi aussi, je t'ai trouvée splendide, dit Molly. Je me demandais ce qui allait se passer après ce que tu nous as dit, hier soir, mais j'ai été très agréablement surprise. Et je suis sincère. Ils seraient fous de ne pas te prendre !

Tout ce que Grace leur avait dit, hier soir ? Mais

de quoi parlaient-elles ? Emily se sentit soudain exclue de la conversation.

Embarrassée par autant de compliments, Grace s'enfouit le visage dans sa serviette.

– Arrêtez ! Je suis sûre que vous ne dites ça que pour me faire plaisir.

– Pas du tout ! s'exclama Jade. Ce n'est pas mon genre. Tu as vraiment été géniale, Grace. Ta technique était parfaite. On ne voyait que toi !

Le visage radieux, Grace sourit.

– J'espère qu'ils pensent comme vous. J'ai tellement envie d'être sélectionnée pour le spectacle de cette année !

Le sourire toujours aux lèvres, elle attrapa ses affaires de douche et s'en fut dans la salle de bains.

Emily se tourna vers Jade et lui demanda à voix basse :

– Que s'est-il passé ? Grace a eu une crise d'angoisse ?

Jade hocha la tête.

– Elle était stressée à cause de l'audition, mais on a réussi à lui redonner la pêche.

– Ah bon, fit Emily avec un pincement au cœur.

D'habitude Grace se confiait à elle quand quelque chose n'allait pas. Pourquoi n'en avait-elle rien fait ?

« Parce que j'ai encore passé la soirée avec Luke, réalisa soudain Emily. Voilà pourquoi. » Ce n'était pas bien grave, essaya-t-elle de se persuader. Il lui arrivait également de se confier à d'autres que Grace, mais cela lui faisait quand même mal de savoir que son amie ne s'était pas tournée vers elle en premier. Il n'y avait pas si longtemps encore, Grace s'en remettait toujours à elle pour lui redonner confiance. Les choses semblaient avoir changé. Emily avait été remplacée.

Luke alla à la rencontre d'Emily dès qu'elle pénétra dans le réfectoire. Il l'embrassa et la serra fort dans ses bras.

– Alors ? Comment s'est passée l'audition ?

Emily esquissa une grimace.

– Bof…, soupira-t-elle en se laissant aller contre son buste.

C'était si agréable qu'elle serait restée blottie dans ses bras des heures durant.

– Je n'ai pas été brillante, précisa-t-elle. Je n'arrêtais pas de penser à toi au lieu de penser à ce que je faisais.

Luke lui tapota le dos.

– Avec un peu de chance, tu dansais avec le sourire ! dit-il en resserrant son étreinte.

Emily sourit en entendant ces mots de réconfort.

– Oui, acquiesça-t-elle, le cœur un peu plus léger. Merci, Luke. Tu sais toujours trouver les mots justes.

– J'ai entendu des filles de quatrième dire que les résultats de l'audition seront affichés après le petit déjeuner, annonça Laura avec excitation, le lundi matin suivant, tandis qu'elle rejoignait ses amies dans le réfectoire.

– Je ne pensais pas que ce serait aussi rapide, dit Emily en manquant de laisser tomber son plateau.

Persuadée que les résultats ne seraient donnés que plus tard dans la semaine, elle n'était plus très sûre d'avoir envie de les connaître. Après sa piètre prestation, elle s'était faite à l'idée de ne pas être sélectionnée.

– Je n'ai plus faim, déclara Grace, soudain pâle comme un linge. Je sais déjà qu'il y aura les noms de tout le monde sauf le mien sur cette liste ! Oh, rien que d'y penser, ça me rend malade...

– Aie confiance, Grace, l'encouragea Matt. Qui sait, ils ont peut-être décidé qu'ils te voulaient dans le rôle de la reine des cygnes ?!

Grace pouffa de rire et lui donna un petit coup de coude.

– C'est facile de se moquer des autres quand on n'a aucune pression ! Tu ne dirais pas la même chose si tu avais passé une audition.

– Si seulement on avait eu cette chance ! intervint Luke, le visage déconfit. Malheureusement, il n'y a pas de rôle pour nous, cette année.

Il se pencha vers Grace et fit mine d'être indigné :

– Dis-toi que tu as de la chance !

Luke avait raison, pensa Emily en se servant un bol de porridge. Si la situation avait été inversée, les filles auraient certainement préféré endurer le stress d'une audition que d'être sûres de n'avoir aucun rôle à décrocher dans le spectacle.

– C'est vrai que nous avons de la chance, convint-elle. Espérons maintenant qu'on aura la chance d'être sélectionnées !

Le tableau d'affichage était désespérément vide quand les filles allèrent le consulter.

– Quelle torture, cette attente ! se lamenta Emily. C'est insupportable.

– Ne t'inquiète pas, l'heure de la délivrance arrive, la rassura Laura en apercevant Mlle Bell, la directrice de la Lower School, venir vers elles, une feuille de papier à la main. Mlle Bell arrive avec les résultats.

À la vue de cet attroupement dans le boudoir des filles et des visages anxieux tournés vers elle, Mlle Bell afficha un sourire amusé.

– Vous attendez quelque chose, mesdemoiselles ?

Elle secoua la feuille devant leur nez.

– Si vous voulez bien me laisser un peu de place, je vais punaiser ceci au tableau.

Les filles se reculèrent immédiatement et Mlle Bell put accrocher la feuille des résultats au vu de tous.

Dès qu'elle fut partie, les filles se ruèrent sur le tableau.

Liste des élèves retenues pour *Le Lac des cygnes*

Distribution A :

Natasha Merrill – 4e

Margot Richardson – 4e

Rachel Thulborn – 4e

Holly Powell – 5e

Laura McCloud – 5e

Jade Andrews – 5e

Grace Tennant* – 5e

Emily Brown* – 5e

– Super ! s'écria Emily.

– J'ai réussi ! Ils m'ont prise ! se réjouit Grace, un sourire béat sur les lèvres.

– Grace, c'est génial ! dit Emily, oubliant sur le moment l'attitude distante de son amie ces derniers jours. Tu l'as vraiment mérité. On va danser ensemble !

Mais au lieu de se réjouir avec Emily, Grace sauta au cou de Jade et toutes deux entamèrent une danse de joie.

– Je n'en reviens pas, s'écria Grace. On est dans la même distribution ! Comme je suis contente !

Emily eut un mouvement de recul.

Elle se sentit tout à coup très seule. Mais Laura se jeta dans ses bras et l'entraîna dans une gigue impromptue.

– On est toutes les deux dans la distribution A ! Ça veut dire qu'on fera l'ouverture !

Emily laissa alors sa joie exploser. Autour d'elles, d'autres cris de liesse se firent entendre.

– Je suis dans la distribution B ! s'exclama Isabelle. Toi aussi, Kate ! Il y a Alice et Megan avec nous ! Vive les petits cygnes de la distribution B !

Jade, qui était à présent en train d'examiner la liste de la distribution A, fit remarquer un détail qu'elles n'avaient pas relevé à la première lecture :

– Qu'est-ce que les petites étoiles à côté des noms de Grace et Emily veulent dire ?

Emily et Laura interrompirent leur danse pour

venir voir de plus près. L'astérisque renvoyait à une ligne en bas de page qui précisait :

* Ces élèves danseront également dans l'acte I.

Emily n'en crut d'abord pas ses yeux. Cela voulait dire qu'elle serait un cygne et qu'en plus, elle serait l'une des petites filles du premier acte ! C'était plus qu'elle n'aurait osé espérer.

– Luke ! Luke ! cria-t-elle en le voyant qui venait vers elle. Je suis prise ! Je vais danser dans *Le Lac des cygnes* ! J'ai même deux rôles !

Luke la serra dans ses bras. Emily ne pouvait être plus heureuse.

– Quand je pense que j'avais préparé tout un discours de consolation ! la taquina-t-il.

– Je sais. Je suis aussi surprise que toi d'avoir été sélectionnée.

Emily avait l'impression de flotter dans les airs tellement elle était contente. Ce fut alors qu'elle aperçut Molly se diriger vers le dortoir, seule, les épaules affaissées. Elle n'avait pas été retenue, réalisa Emily aussitôt. Pauvre Molly. Elle était la seule de leur chambrée à ne pas avoir été prise.

Grace et Jade s'étaient également aperçues du départ discret de Molly. Emily les vit qui couraient la rejoindre.

– On se retrouve tout à l'heure, dit-elle en se

dégageant de l'étreinte de Luke. Il faut que j'aille remonter le moral de Molly.

L'amitié était à l'ordre du jour, pensa-t-elle en pressant le pas pour les rattraper. Il était grand temps de montrer aux filles qu'il n'y avait pas que Luke dans sa vie !

– Je vous assure que je vais bien, répétait Molly. Ne soyez pas si désolées. Je savais depuis le début que je ne serais pas prise. Et vous avez toutes très bien dansé. Vous méritez vos places ! En plus, vous faites partie de la même distribution, vous allez danser sur la scène de l'Opéra royal ensemble, ajouta-t-elle avec un sourire.

Grace la prit dans ses bras.

– C'est grâce à toi et à Jade que j'ai décroché ces rôles, lui dit-elle avec chaleur. Je te remercie d'avoir su me remonter le moral. Je te revaudrai ça !

Molly secoua la tête.

– Ce n'est pas la peine de me remercier. Tu as décroché ces rôles parce que tu es une excellente danseuse. Tu ne le dois qu'à toi-même.

Jade vint s'asseoir à côté de Molly et lui passa un bras autour des épaules.

– On ferait mieux de se préparer pour aller en cours. Tu es sûre que ça va ?

Molly acquiesça d'un signe de tête, se leva pour prendre ses affaires de classe et déclara d'une voix enjouée :

– Tant que vous acceptez de me donner vos autographes pour que je puisse les vendre sur Internet dans quelques années, quand vous serez des danseuses étoiles, tout va bien !

Elle leur décocha un clin d'œil complice et poursuivit avec un de ses larges sourires :

– À moi la fortune !

Toutes les filles attendaient l'arrivée de Mlle Black avec impatience. L'échauffement leur parut interminable ! Leur professeur avait dû voir les résultats de l'audition et elle devait être fière de voir autant de ses élèves sélectionnées. Peut-être seraitelle en mesure de leur donner des précisions sur les chorégraphies qu'elles allaient devoir apprendre ? Emily souriait aux anges en exécutant un grand plié. Qu'elle était heureuse !

– Bonjour, tout le monde, déclara Mlle Black au même moment.

Elle arborait un large sourire et ses yeux pétillaient plus qu'à l'accoutumée, constata Emily.

– Mes félicitations à toutes celles qui ont été retenues pour le spectacle de Noël. Je suis particulièrement fière de vous et j'ai hâte de voir mes petits cygnes sur scène.

Ses yeux se plissèrent et elle sourit encore plus largement avant d'ajouter :

– Je viendrai assister aux spectacles des deux distributions. C'est avec impatience que j'attends ces grands moments. Je suis sûre que vous allez être formidables.

Le visage d'Emily rayonnait de joie. Les choses devenaient plus concrètes depuis que Mlle Black en parlait. Pour couronner le tout, elle viendrait assister aux représentations !

Laura leva la main et demanda d'une voix tout excitée :

– Comment vont se passer les répétitions ? Quand vont-elles commencer ? Est-ce qu'elles se dérouleront à l'Opéra royal ?

– Les répétitions vont en effet bientôt commencer. Il me semble qu'elles sont prévues dès cette semaine. Le calendrier des répétitions sera affiché au tableau demain matin. Vous y trouverez tous les détails sur les jours, les horaires et le lieu. Certains jours, vous vous rendrez à l'Opéra avec le bus de l'école. Sur place, un professeur de ballet s'occupera de vous. Il m'arrivera de vous y accompagner avec d'autres professeurs de la Lower School pour voir comment vous vous en sortez. Il y aura également quelques séances de travail ici, pour peaufiner votre technique.

Laura se tourna vers Emily et toutes deux roulèrent des yeux en signe de joie. Ce programme promettait d'être fantastique ! Emily se tourna alors vers Grace, dans l'espoir d'échanger un regard complice, mais son amie était en train de murmurer quelque chose à l'oreille de Jade.

Mlle Black frappa dans ses mains pour avoir le silence et dit :

– Bon, il est 14h15 et nous n'avons toujours pas commencé le cours de danse. Mettez-vous en place, je vous prie, et finissez votre échauffement.

Un sourire radieux ne quitta pas les lèvres d'Emily de toute la première partie du cours. Légère comme l'air, elle enchaîna les exercices de ports de bras et les séries de pirouettes sans éprouver la moindre fatigue. Elle aurait pu danser ainsi indéfiniment quand un cri strident la tira de son euphorie.

C'était Laura qui se tenait la cheville droite, écroulée au sol. Son visage livide était tordu de douleur.

– Ça fait mal ! Ça fait horriblement mal !

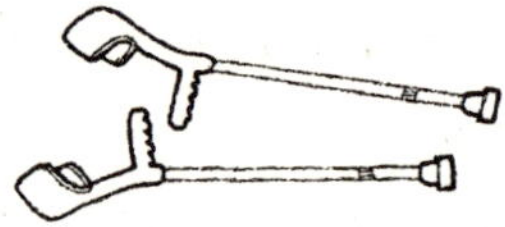

5

La pianiste s'arrêta net de jouer et Mlle Black se précipita au côté de Laura.

– Nous allons devoir t'emmener à l'infirmerie, lui dit-elle avec inquiétude avant de se tourner vers Emily et de lui demander : Emily, aurais-tu la gentillesse d'aller prévenir Mlle Taylor. Je préfère ne pas faire bouger Laura avant d'avoir un avis médical.

– J'y vais !

Emily partit en courant dans les couloirs. La blessure de Laura avait l'air grave... Bien sûr, il leur arrivait à toutes de se tordre la cheville ou de se froisser un muscle, mais le cri de Laura laissait craindre une blessure plus sérieuse.

« Que va-t-il se passer pour le spectacle de Noël ? lui vint-il soudain à l'esprit. Est-ce que Laura sera rétablie à temps pour *Le Lac des cygnes* ? »

Elle arriva tout essoufflée au bureau de Mlle Taylor, prenant à peine le temps de frapper, avant d'entrer en trombe.

– Mlle Black m'envoie vous prévenir qu'une élève s'est fait mal en tombant. On est dans le studio Ashton. Elle a très mal et…

L'infirmière était en compagnie de Scott Atkinson, le médecin de l'école. Ils se levèrent d'un bond et s'empressèrent de suivre Emily.

Laura était toujours assise par terre, le visage ruisselant de larmes. Accroupie à côté d'elle, Mlle Black lui serrait la main et tentait de la calmer. Quelqu'un avait posé un gilet sur les épaules de Laura. L'inquiétude se lisait sur tous les visages.

Le docteur Atkinson examina minutieusement le tibia et la cheville de Laura, qui cria de douleur quand il exerça une pression sur son articulation.

– Ce n'est pas trop grave, docteur ? lui demanda-t-elle d'une voix tremblante. Ça va passer, n'est-ce pas ?

– Avec un peu de chance, ce n'est qu'une petite entorse et tu seras sur pied en un rien de temps. Mais pour m'en assurer, tu vas aller à l'hôpital passer une radio.

Puis il se tourna vers Mlle Taylor :

– Je m'occuperai d'elle. Quand nous serons de

retour à l'infirmerie pourrez-vous appeler une ambulance?

– D'accord, dit-elle en lançant un sourire d'encouragement à Laura.

– Laura, reprit le médecin, l'infirmière et moi allons te soulever tout doucement. Est-ce que tu peux passer tes bras autour de nos épaules ? Voilà, comme ça, c'est très bien. Vous êtes prête, mademoiselle Taylor ?

L'infirmière acquiesça d'un signe de tête et tous deux soulevèrent Laura précautionneusement.

Cette dernière n'avait pas quitté Emily des yeux.

– Est-ce qu'Emily peut venir attendre avec moi à l'infirmerie ? demanda-t-elle.

– Bien sûr, lui répondit Mlle Black. Emily, n'oublie pas d'enfiler un pull si tu ne veux pas attraper froid.

Mlle Black saisit la main de Laura et la serra quelques secondes.

– Je viendrai prendre de tes nouvelles, lui promit-elle. J'espère que ce n'est rien de grave.

Les yeux de Laura s'emplirent à nouveau de larmes.

– Moi aussi, souffla-t-elle dans un sanglot. Moi aussi, j'espère que ce n'est pas grave.

Quand ils arrivèrent enfin à l'infirmerie, le docteur Atkinson et Mlle Taylor installèrent Laura sur un des lits, après quoi l'infirmière s'en fut appeler une ambulance.

– Comment est-ce arrivé, Laura ? lui demanda le docteur en s'asseyant à côté d'elle.

Laura sécha ses larmes et lui expliqua comment elle était tombée en se tordant la cheville.

– Ça tire à l'intérieur, lui dit-elle. Je n'ai jamais eu aussi mal de toute ma vie.

Puis elle regarda le médecin droit dans les yeux et lui demanda :

– Est-ce que c'est grave ? À votre avis, que me suis-je fait ?

Il poussa un profond soupir.

– Je pense que c'est une entorse assez sérieuse à la cheville.

– C'est si grave que ça ? s'inquiéta Laura, prête à éclater de nouveau en sanglots.

Le docteur Atkinson hésita un moment et Emily retint sa respiration, craignant de devoir entendre le pire.

– C'est une blessure qui peut être grave, en effet, parce qu'elle affecte le ligament entre les deux os de la partie inférieure de la jambe. J'ai peur aussi que tu te sois froissé ou claqué d'autres ligaments…

Il prit le combiné du téléphone sur la table de chevet et poursuivit :

– Mais ce ne sont que des conjectures. Je vais appeler l'hôpital pour les prévenir de ton arrivée. Nous allons faire une IRM pour voir exactement l'étendue des dommages.

Laura réprima un sanglot.

– Qu'est-ce que je vais faire si ma cheville est fichue ? s'écria-t-elle, désespérée. Qu'est-ce que je vais faire si je ne peux plus jamais danser ?

Le visage livide, Emily retourna au studio de danse. Danser était la dernière chose qu'elle avait envie de faire, à ce moment précis.

– Je te promets de te donner des nouvelles dès que j'en aurai, lui avait dit l'infirmière.

Elle traversa les couloirs comme une somnambule. La tête lui tournait. Une boule d'angoisse lui noua la gorge quand elle repensa à la joie de Laura en voyant son nom sur la liste des élèves retenues pour *Le Lac des cygnes*. Comment pouvait-elle imaginer que sa vie puisse basculer de la sorte quelques heures à peine après l'annonce d'une si bonne nouvelle ?

« Cela aurait pu m'arriver aussi », songea Emily. L'idée lui donna des sueurs froides. « Cela aurait pu arriver à n'importe laquelle d'entre nous. Laura est une excellente danseuse. Elle fait très peu d'erreurs… Il a peut-être suffi d'une seconde d'inattention… Ce n'était peut-être que cela… une seule seconde ! » Combien de fois Emily s'était-elle trompée en exécutant un mouvement ? Combien de fois avait-elle perdu l'équilibre ? Des centaines, peut-être des milliers de fois, mais cela n'avait eu aucune conséquence grave. La pauvre Laura payait le prix fort pour une mauvaise chute.

Emily imaginait sans peine les pensées qui devaient hanter son amie en ce moment même. Une blessure pouvait stopper net la carrière d'une ballerine et c'était ce qui pouvait lui arriver de pire. Toutes les apprenties danseuses vivaient avec cette épée de Damoclès au-dessus de leur tête.

Emily poussa la porte du studio Ashton en refoulant ses larmes. Mais quand la classe entière s'arrêta de danser pour se tourner vers elle avec l'espoir d'entendre une bonne nouvelle, Emily s'effondra.

– Elle est partie pour l'hôpital, dit-elle d'une voix entrecoupée de sanglots. Ils doivent lui faire passer une radio. Le docteur pense que… Le docteur pense que ça peut être grave.

Comme personne n'avait le cœur à danser après

une telle annonce, Mlle Black décida d'abréger le cours et de les libérer plus tôt. Emily avait l'impression de vivre un véritable cauchemar et passa le reste de l'après-midi dans un état second. Le visage en larmes de Laura ne cessait de lui revenir à l'esprit.

– C'est son anniversaire dans quelques jours, rappela Emily aux autres, une fois de retour dans le dortoir. J'espère qu'elle sera rentrée à l'école d'ici là. Ce serait affreux si elle devait passer son anniversaire toute seule à l'hôpital.

– Si elle y est encore, on ira la voir, déclara Molly. On apportera un gâteau, des cadeaux et des cartes.

Mme Parrish, leur surveillante de dortoir, toqua à la porte avant d'entrer dans la pièce. Elle, d'habitude si souriante et enjouée, avait le visage sombre.

– Je viens de recevoir un appel du docteur Atkinson. Il est à l'hôpital avec Laura. Les résultats de la radio ont malheureusement confirmé ses craintes, il s'agit d'une lésion de la syndesmose et d'une rupture de ligament.

– Est-ce grave ? demanda Molly d'une voix étouffée.

Mme Parrish hocha la tête.

– Oui, ça peut l'être. En se tordant la cheville,

Laura a gravement endommagé le ligament qui relie les deux os dans le bas du tibia.

– Qu'est-ce que cela veut dire ? fit Emily qui ne comprenait rien au jargon médical.

– Disons que...

Comme Mme Parrish semblait avoir des scrupules à lui répondre, Emily et ses amies redoutèrent le pire.

– Est-ce qu'elle pourra encore danser ? demanda Grace qui exprimait à voix haute ce que toutes n'osaient formuler.

Il y eut un silence.

– Avec un peu de chance, oui, finit par dire Mme Parrish. Selon le docteur Atkinson, Laura a un peu plus de cinquante pour cent de chance de retrouver une mobilité suffisante de la cheville pour continuer une formation de danse classique.

Les filles retinrent leur respiration.

Jade réprima un sanglot :

– Cinquante pour cent de chance !

– Combien de temps faut-il attendre avant que les médecins puissent dire à Laura si elle peut ou non continuer la danse ? demanda Emily dans un murmure.

Les mots avaient du mal à sortir de sa gorge.

– Malheureusement, il faudra patienter encore

quelques semaines avant qu'ils puissent se prononcer. Laura souffre encore beaucoup. Ils vont lui plâtrer la cheville et la garder en observation cette nuit. Elle devrait revenir à l'école dès demain, si tout se passe bien. Il lui faudra, bien sûr, marcher avec des béquilles. Le docteur Atkinson dit qu'elle gardera son plâtre quinze jours. Ensuite, elle devra porter une botte spéciale pour maintenir sa cheville. Les médecins attendront encore quelque temps avant de dire si elle s'est bien rétablie de sa blessure ou s'il y a des séquelles irrémédiables.

Les larmes coulèrent le long des joues d'Emily.

– Ce n'est pas possible… Ce ne peut pas être possible. Pauvre Laura !

– C'est terrible, je sais, compatit Mme Parrish. Mais nous devons garder le sourire pour Laura. Il faut la soutenir dans cette épreuve car elle va avoir besoin de notre aide.

Elle vint serrer Emily dans ses bras, puis chaque fille à son tour.

– Je sais à quel point cela vous affecte, reprit-elle. Cela nous touche tous. Mais pensez à Laura. La connaissant, je suis sûre qu'elle n'aimerait pas vous voir pleurer sur son sort. Elle préférerait vous voir optimistes, n'est-ce pas ?

Emily hocha la tête et se moucha.

Mme Parrish avait raison. Elles devaient rester positives pour Laura... même si ce qui lui arrivait était horrible !

Cher Journal,

J'ai l'impression d'avoir passé la journée sur des montagnes russes. Le matin, j'ai appris que j'avais décroché deux rôles dans Le Lac des cygnes, *et l'après-midi, Laura s'est blessée. Elle ne pourra donc pas danser sur la scène de l'Opéra royal avec nous... Mais il y a peut-être pire : si sa cheville ne se rétablit pas correctement, elle ne pourra plus jamais danser !*

Toute l'école ne parle plus que de ça et toutes les filles sont en larmes. Luke me console du mieux qu'il peut, mais je me sens toujours aussi triste. C'est le jour le plus affreux que j'ai passé à l'école.

Le lendemain matin, au petit déjeuner, l'absence de Laura se fit cruellement sentir. Sa place à la table des cinquièmes était désespérément vide. La plupart des filles avaient les yeux rouges et gonflés d'avoir pleuré toute la nuit et personne n'avait réussi à bien dormir.

– Vous croyez qu'elle va revenir ce matin ? demanda Grace, une tartine beurrée à peine entamée à la main.

Emily haussa les épaules.

– Je l'espère. J'ai envie de la serrer fort dans mes bras.

– Moi aussi, fit Jade.

– On a toutes très envie de lui montrer qu'on l'aime, intervint Kate.

– Il va falloir qu'on prenne bien soin d'elle, déclara Isabelle. Surtout le jour de son anniversaire. On doit trouver quelque chose qui lui rende le sourire.

Toute la matinée, Emily espéra voir Laura faire son entrée en classe. Mais il n'en fut rien. Il lui fallut attendre après le repas de midi pour la voir de retour à l'école.

Emily était la première à retourner dans le dortoir pour se changer. En traversant la Salle du billard, elle s'apprêtait à se rendre directement dans la Pièce suivante, quand elle reconnut la voix au léger accent irlandais de Laura à travers la cloison qui séparait la Salle du billard en deux. Elle se précipita à sa rencontre et la vit assise sur son lit, en train de parler avec Mme Parrish. Laura avait le teint pâle et la mine triste. Sa cheville était plâtrée et des béquilles étaient posées contre sa table de chevet.

– Salut, Laura, dit Emily.

Il y eut un silence inconfortable.

Emily devait se montrer optimiste, mais Laura n'était pas une enfant à qui on pouvait faire croire tout et n'importe quoi. Emily ne pouvait se comporter comme si de rien n'était.

– Je suis contente que tu sois de retour. Ça va ?

Laura hoqueta avant d'éclater soudainement en sanglots.

– Non, ça ne va pas du tout…

Mme Parrish la prit par les épaules et lui tendit des mouchoirs en papier.

– Ça va aller, Laura, lui murmura-t-elle. Tu vas t'en sortir.

– Oui, tu vas t'en sortir et on est de tout cœur avec toi, lui assura Emily en essayant de ne pas laisser transparaître sa tristesse.

Au même moment, les autres filles firent irruption dans le dortoir.

– On va traverser cette épreuve ensemble, Laura, reprit Emily. Tu ne vas pas te laisser abattre parce que tu es quelqu'un de très fort. Ton corps est résistant, car tu l'as bien entraîné. Il va s'en remettre.

Laura continuait de pleurer et elle secouait la tête. Kate et Isabelle se précipitèrent à ses côtés.

– Qu'est-ce que je vais devenir si je dois arrêter la

danse ? disait-elle en pleurant à chaudes larmes. Qu'est-ce qui va se passer si ma cheville est fichue ?

Cher Journal,

J'entends Laura pleurer de l'autre côté du mur. Elle a pleuré tout l'après-midi et toute la soirée. Impossible de la consoler... Je la comprends. Je crois que je serais aussi inconsolable si je savais que je risquais de tout perdre.

J'ai essayé de la convaincre de se joindre à nous dans la salle commune, ou de faire une partie de billard pour se changer les idées, mais elle n'avait envie de rien. Je suis alors allée voir Luke pour qu'il me remonte le moral, mais je n'arrivais pas à chasser de mon esprit le visage dévasté de larmes de Laura.

Cette chute accidentelle nous rappelle à tous à quel point notre corps est fragile. Il suffit d'une mauvaise chute, d'une entorse sérieuse et nos rêves s'effondrent tout d'un coup. Je crois que personne ne peut vraiment savoir ce qu'éprouve Laura en ce moment. Si on m'annonçait demain que je risque de ne plus jamais pouvoir danser, je ne sais pas comment je réagirais. Je serais anéantie, ça, c'est sûr. Mais je préfère ne pas y penser, c'est trop dur.

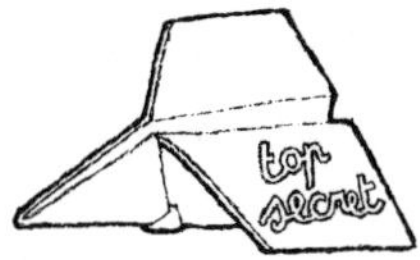

6

Le lendemain matin, Laura avait l'air toujours aussi triste, mais au moins, elle ne pleurait plus. Emily l'observa se rendre au réfectoire d'un pas hésitant, appuyée sur ses béquilles. Cela lui faisait bizarre de voir Laura le visage blafard et vide de toute expression, elle qui était si pleine de vie à l'accoutumée !

Emily se servit un bol de céréales tandis que Laura restait plantée devant la pile de plateaux.

– Ça va ? fit-elle en allant à sa rencontre.

Les lèvres de Laura tremblèrent, comme si elle allait se remettre à pleurer.

– Est-ce que tu pourrais me prendre un plateau et le porter pour moi ?

– Bien sûr ! s'empressa de répondre Emily, désolée de ne pas y avoir pensé plus tôt.

Elle aida son amie à se servir et toutes deux s'installèrent à leur table habituelle. Les autres les rejoignirent dans un brouhaha joyeux, mais très vite, le silence se fit à table.

Qui pouvait avoir le cœur à plaisanter ? songea Emily.

Le petit déjeuner à peine commencé, Mme Parrish fit son entrée dans le réfectoire et vint parler à Molly :

– Quand tu auras fini, Molly, Mlle Bell voudrait te voir dans son bureau.

Molly déglutit avec peine. Que lui voulait la directrice de la Lower School ?

– J'ai fait quelque chose de mal ? demanda-t-elle aussitôt.

– Non, je crois qu'elle veut seulement te parler en privé. Tu n'as aucune raison de t'inquiéter.

Molly reposa sa tartine et recula sa chaise.

– Je n'ai plus faim du tout, déclara-t-elle. J'y vais ! À tout à l'heure, les filles. Enfin... J'espère !

Emily consulta Luke du regard.

– Étrange, dit-elle en levant un sourcil. Je me demande ce qui se passe.

– Je ne pense pas que ce soit pour lui annoncer une mauvaise nouvelle concernant sa famille, intervint Grace. C'est Mme Parrish qui s'en serait chargée. Ce doit être quelque chose ayant un rapport avec la danse ou les cours.

Comme Laura avait eu un mouvement de recul au mot « danse », Emily préféra changer de sujet.

– Est-ce que quelqu'un a eu des nouvelles de Sophie, récemment ?

Sa question tombait comme un cheveu sur la soupe, se dit-elle, mais c'était la première chose qui lui était venue à l'esprit. À huit heures du matin, on ne pouvait lui demander de faire mieux !

Molly revint quelques minutes plus tard et reprit place à table sans piper mot.

– Alors ? C'était quoi, le problème ? voulut savoir Jade.

– Quel problème ? s'étonna Molly en reprenant son petit déjeuner là où elle l'avait laissé.

Les joues roses et les yeux pétillants, elle évitait soigneusement les regards interrogateurs posés sur elle.

Que se passait-il ?

– Allez ! Ne nous fais pas mariner plus longtemps, la supplia Grace. De quoi Mlle Bell voulait-elle te parler ?

– Oh, de rien en particulier, prétendit Molly en s'agitant sur son siège. Beurk, mon chocolat est tout froid. Tant pis ! Je file au dortoir me préparer. À tout à l'heure !

Elle avait dit cela d'une seule traite, le regard fuyant. Puis, sans s'expliquer davantage, elle quitta le réfectoire à grands pas.

– Bizarre…, murmura Emily.

Molly leur cachait quelque chose. Ce n'était pas dans ses habitudes d'être aussi cachottière. Qu'est-ce que Mlle Bell avait bien pu lui dire qu'elle rechignait tant à leur dévoiler ?

Après le petit déjeuner, les filles regagnèrent leur dortoir. Emily, Grace et Jade surprirent Molly en pleine conversation téléphonique. À entendre sa voix, elle devait être surexcitée.

– Ce n'est pas seulement pour…

Mais elle se tut à l'arrivée de ses camarades.

– Bon, je dois y aller, finit-elle par reprendre, les joues rouges comme des tomates. On en reparlera plus tard… D'accord… Moi aussi, je t'aime. Au revoir !

Elle raccrocha et resta là sans bouger, l'air coupable.

Puis elle parut réfléchir avant de se précipiter vers la porte pour s'assurer qu'il n'y avait personne et qu'elle était bien fermée.

– Je sais ce que vous allez toutes me demander, déclara-t-elle ensuite à voix basse, comme si elle craignait qu'on ne l'entende. Je vais vous le dire, mais vous devez me promettre de n'en parler à personne. Du moins pour le moment. D'accord ?

– Alors ? Raconte ! la pressa Emily. Promis, juré, on ne dira rien.

– Motus et bouche cousue, renchérit Grace.

Molly sembla hésiter encore.

Dans ses yeux, il y avait de la joie mêlée à une sorte de gêne.

– Je ne sais pas par où commencer…, fit-elle, les yeux rivés au sol. En fait, je ne sais pas comment je dois le prendre moi-même. Bon, autant aller droit au but : je vais danser dans *Le Lac des cygnes*.

– C'est vrai ? s'écria Emily en lui sautant au cou. Mais c'est génial !

Le visage de Molly s'assombrit.

– Oui, c'est génial… et en même temps, ça ne l'est pas, parce que… je reprends le rôle de Laura. S'ils m'ont sélectionnée, c'est uniquement parce que Laura s'est blessée.

Un silence pesant suivit.

Molly soupira.

– Bon, voilà, c'est dit. Cela me met un peu mal à l'aise. J'ai l'impression de m'introduire par la porte de derrière, comme une voleuse, alors que vous êtes toutes passées par la grande porte. C'est difficile de se réjouir alors que je dois mon bonheur au malheur de Laura.

Emily esquissa un sourire compatissant. Elle comprenait ses scrupules. Molly avait toutes les raisons du monde d'être contente d'avoir le rôle, mais les conditions dans lesquelles on le lui donnait la mettaient dans une situation délicate.

– Laura comprendra, la rassura-t-elle. Elle préférera sûrement que ce soit toi qui aies le rôle plutôt qu'une fille qu'elle ne connaît pas. Si elle ne peut monter sur scène, qui d'autre mieux que toi pourrait la remplacer ?

– Merci, Emily, dit Molly. J'espère que tu as raison. Je ne voulais pas qu'elle l'apprenne devant tout le monde, c'est pour ça que je n'ai rien dit au réfectoire. Il faut que je choisisse le bon moment. Je vais la prendre à part et le lui annoncer avant que la nouvelle ne circule. Vous ne lui dites rien, d'accord ? Vous me l'avez promis !

– Ne t'inquiète pas, intervint Grace. On sera muettes comme des tombes. Et puis, cesse de culpabiliser. Tu mérites ce rôle. Tu t'en es très bien sortie à l'audition. Je suis sûre que Laura sera contente pour toi.

– Mais oui, acquiesça Jade en serrant Molly dans ses bras. Bravo, Molly. On va danser toutes ensemble. Tu te sentiras mieux une fois que tu auras parlé à Laura. Moi aussi, je suis certaine qu'elle ne t'en voudra pas, bien au contraire.

– Tu pourrais peut-être la voir seule pendant la récréation ? suggéra Emily. Plus tôt ce sera fait, mieux tu te sentiras.

Molly hocha la tête.

– Il faudra bien que je me décide à le faire ce matin, puisque notre première répétition a lieu cet après-midi !

Emily eut du mal à se concentrer après ce que Molly leur avait confié. Quelle semaine étourdissante !

En physique, un des cours qui l'intéressait le moins, Emily se pencha en avant pour épier Luke, assis sur sa droite, à la table d'à côté. Il était en train de griffonner quelque chose sur un bout de papier quand il leva les yeux sur elle, comme s'il avait senti son regard. Avec un sourire malicieux, il plia le papier pour en faire un avion et le lui envoya discrètement.

L'avion atterrit juste devant Emily, qui le déplia en se retenant de pouffer de rire.

Tu m'as l'air bien songeuse, aujourd'hui ? Tout va bien ? As-tu découvert le secret de Molly ?

Emily rougit à la lecture de sa deuxième question. Elle avait effectivement découvert le secret de Molly, mais elle avait également promis de ne le répéter à personne. Seulement voilà… Luke était son petit ami. Or, était-on censé avoir des secrets pour son petit ami ? Tous les magazines qu'Emily avait lus sur ce sujet étaient clairs : il ne fallait rien se cacher. De plus, la tentation était trop forte. Le secret de Molly lui brûlait les lèvres. Elle devait le dire à quelqu'un !

TOP SECRET : ne le répète à personne, même pas à Matt, mais Molly doit remplacer Laura dans Le Lac des cygnes *!*

Elle replia le papier en avion et le renvoya à Luke, profitant du fait que M. Lewis, leur professeur de physique, inscrivait quelque chose au tableau.

– Luke Bailey ! Qu'est-ce que je viens de voir atterrir sur votre pupitre ? fit aussitôt M. Lewis.

Emily sursauta. M. Lewis avait-il des yeux derrière la tête ? Zut, ce n'était pas de chance. Il avait dû se retourner au moment précis où elle l'avait envoyé.

– Ce n'est rien, monsieur, dit Luke avec assurance.

Il s'inclina légèrement en avant et cacha l'avion avec son coude.

M. Lewis posa sa craie et s'avança dans l'allée pour s'arrêter devant Luke, les sourcils froncés. Il tendit la main et ordonna d'une voix calme mais ferme :

– Donnez-moi ce papier.

– Quel papier, monsieur ? fit mine de ne pas comprendre Luke.

Emily retint son souffle.

M. Lewis poussa un soupir d'exaspération.

– Le papier que vous avez sous votre coude, monsieur Bailey. Je vous ai vu essayer de le cacher. Donnez-le-moi, s'il vous plaît. Ne m'obligez pas à vous le redemander.

Emily sentit son estomac se nouer. Oh non ! Il ne fallait pas que M. Lewis lise ce qu'elle avait écrit à Luke ! Pas devant tout le monde ! Cela tombait vraiment très très mal.

Voyant qu'il n'y avait aucune échappatoire possible, Luke tendit le mot au professeur.

« S'il vous plaît, ne le lisez pas à haute voix, le supplia Emily en son for intérieur. S'il vous plaît ! Je ferai mes devoirs de physique en priorité tout le reste de l'année. Par pitié, jetez ce mot à la poubelle ! »

M. Lewis se tourna vers Emily.

– Est-ce bien votre écriture, mademoiselle Brown, que je reconnais sur ce mot ?

– Oui, monsieur, avoua-t-elle dans un souffle.

– Eh bien, voyons voir ce que vous avez de si urgent à dire à M. Bailey.

– S'il vous plaît, monsieur Lewis, s'écria Emily, c'est un message personnel !

Comme elle regrettait maintenant d'avoir écrit noir sur blanc le secret de Molly... Pourquoi avait-elle fait une chose aussi stupide ? Mais que lui était-il passé par la tête ? Elle avait pourtant promis de n'en souffler mot à personne !

M. Lewis ignora sa supplique et se mit à lire à voix haute :

– « Tu m'as l'air bien songeuse, aujourd'hui ? Tout va bien ? As-tu découvert le secret de Molly ? »

Molly hoqueta de surprise et se tourna aussitôt vers Emily, les yeux écarquillés. Grace fixa Emily avec consternation.

– Ce n'est pas vrai, articula-t-elle en silence. Tu le lui as dit ?

Emily ferma les yeux un instant, avec l'espoir que tout cela n'était qu'un mauvais rêve. Malheureusement pour elle, en rouvrant les yeux, elle dut faire face à la dure réalité.

– S'il vous plaît, monsieur, insista-t-elle avec ferveur, ne lisez pas le reste à haute voix.

Quel cauchemar ! Prise sur le fait par un professeur, le regard glacial de ses deux amies la transperçant de part en part et Laura, sur le point d'apprendre ce que Molly voulait lui dire en privé...

– Hum, les choses se corsent, commenta M. Lewis sans tenir compte de son intervention. Le secret de Molly ! Rien que ça ! Je comprends mieux pourquoi vous vous désintéressez des cours de physique. Lisons la suite...

Cette fois-ci, ce fut Molly qui prit la parole :

– S'il vous plaît, monsieur. Ne lisez pas la suite. C'est vraiment très personnel.

– « TOP SECRET : ne le répète à personne, même pas à Matt, poursuivit M. Lewis en l'ignorant. Mais Molly doit... »

Il laissa la phrase en suspens et lança un regard rapide vers Laura avant de froisser le papier en dévisageant Luke et Emily avec sévérité.

– Emily, Luke, que cela vous serve de leçon, les gronda-t-il. Que je ne vous surprenne plus à vous envoyer des messages en classe. C'est extrêmement malpoli de votre part et cela empêche tout le monde de travailler. Vous m'avez bien entendu ?

– Oui, monsieur, dit Emily, les yeux baissés.

Elle n'osait bouger, de peur de croiser le regard de Grace ou, pire encore, celui de Molly. Non seulement elle venait de se faire prendre par M. Lewis, mais en plus, toute la classe savait à présent qu'elle était incapable de tenir sa langue. Molly lui avait lancé un de ces regards ! Quoi de plus normal, ne venait-elle pas de la trahir publiquement ? Rien que d'y penser, Emily sentit ses joues s'enflammer à nouveau.

« Quel genre d'amie suis-je ? Je ne tiens pas mes promesses et je ne sais même pas garder un secret, songea-t-elle le cœur serré. Molly a raison de m'en vouloir après ce que je viens de lui faire ! »

Quel soulagement quand la sonnerie marquant la fin du cours retentit enfin ! Emily rassembla ses affaires d'un air abattu, décidée à présenter ses excuses à Molly sans tarder.

– On se retrouve plus tard, dit-elle à Luke. Je vais essayer de limiter les dégâts.

– Bonne chance, lui souhaita Luke en lui serrant le bras pour l'encourager.

Molly passait déjà le pas de la porte de la salle, escortée par Grace et Jade. Emily se dépêcha de les rattraper.

– Molly, je suis sincèrement désolée. Je voulais juste le dire à Luke, à personne d'autre. Mais je regrette de l'avoir fait. Je n'aurais pas dû. Je suis vraiment désolée.

Les yeux de Molly lançaient des éclairs.

– Comment as-tu pu ? Tu m'avais promis de n'en parler à personne. Personne.

– Je suis désolée. Pardonne-moi, mais…

– Il n'y a pas de « mais » qui tienne, intervint Grace avec colère. Tu avais promis de ne rien dire. Nous avons toutes promis.

– Imagine le choc pour Laura de l'apprendre ainsi ! renchérit Jade.

– D'apprendre quoi ? demanda Laura qui avait tout entendu et qui ne comprenait pas ce qu'elle avait à voir avec toute cette histoire.

– Mais que se passe-t-il ? voulut savoir Isabelle en se joignant à elles. J'ai l'impression qu'on nous cache beaucoup de choses, ici.

Molly soupira.

– Laura… Ce n'est ni le moment ni le lieu pour en parler… Est-ce qu'on pourrait aller quelque part où on serait tranquilles ?

Le regard de Laura glissa sur ses béquilles et elle haussa les épaules.

– Tu ne peux pas me dire ça ici ? Je mets un temps fou pour faire le moindre pas. On va finir par être en retard au cours suivant si on s'éloigne trop. Bon, dis-moi tout. Qu'y a-t-il de si grave que je ne suis pas censée savoir ? C'est aussi terrible que ça ?

Emily eut une bouffée d'angoisse. C'était exactement ce que redoutait Molly : que Laura apprenne la nouvelle devant tout le monde.

Kate passa un bras protecteur autour des épaules de Laura et s'adressa à Molly :

– Si tu ne dis rien, elle va imaginer le pire, alors…

– Je suis déjà en train d'imaginer le pire, confirma Laura en grimaçant.

Molly se mordit la lèvre.

– D'accord, puisqu'on ne peut pas faire autrement. Je ne voulais pas t'apprendre ça au beau milieu du couloir, mais je vois que je n'ai plus le choix.

Elle lança un regard noir à Emily, qui eut un mouvement de recul.

– Mlle Bell m'a convoquée dans son bureau ce matin pour me dire que j'allais te remplacer dans *Le Lac des cygnes*, Laura.

Il y eut un long silence que personne n'osa rompre.

Puis, Laura posa une main sur le bras de Molly et le serra.

– Bravo, la félicita-t-elle d'une voix étouffée. Bravo, Molly. C'est super, pour toi.

Molly écarquilla les yeux.

– Tu es sûre ? Tu es sûre que cela ne te dérange pas ?

Laura secoua la tête, mais ses yeux étaient mouillés de larmes.

– Tu seras un très joli petit cygne. Tu dois être impatiente de monter sur scène.

– Oui, répondit Molly avec émotion. Merci de le prendre aussi bien. Tu es adorable. J'avais tellement peur de te le dire ! Je ne voulais pas remuer le couteau dans la plaie… Je pensais…

Laura haussa les épaules.

– Je savais que je ne pourrais pas participer au spectacle après une telle chute, déclara-t-elle d'une voix tremblante. Je m'étais déjà faite à l'idée de devoir céder ma place. Je suis contente que ce soit pour toi, Molly. Je suis sincère.

– Merci, Laura, dit Molly avec soulagement. Oh, là, là, on va être en retard en cours d'informatique si on reste là !

Molly et Laura marchèrent côte à côte, suivies par Isabelle et Kate.

– Laura l'a vraiment bien pris, dit Emily à Jade.

Jade lui lança un regard assassin.

– C'est parce que Laura est une véritable amie.

– Pas comme d'autres pour qui l'amitié ne veut plus dire grand-chose, ces derniers temps, n'est-ce pas, Emily ? ajouta Grace d'une voix glaciale.

La question n'appelait pas de réponse. Grace et Jade pressèrent le pas et laissèrent Emily en plan.

Cette dernière les suivit, le cœur lourd. Heureusement, il y avait Luke qui l'attendait un peu plus loin dans le couloir.

– Ça va ? lui demanda-t-il. J'ai entendu la réflexion de Grace. Elle a l'air de t'en vouloir.

– Oh oui. Molly m'en veut aussi. Tout le monde m'en veut. Mais elles ont raison. Je n'aurais jamais dû te dire ce secret.

Luke la prit par le bras et ils continuèrent leur chemin.

– Ce n'est pas la fin du monde, fit-il remarquer. Je n'ai même pas eu le temps de lire ton message, M. Lewis l'a intercepté avant. Ne t'inquiète pas.

Emily s'appuya sur lui, soulagée de trouver un peu de soutien.

– C'est déjà ça, souffla-t-elle. Je suis désolée de t'avoir mis dans le pétrin. M. Lewis doit avoir un sixième sens ultra développé pour s'être retourné pile au moment où je t'ai renvoyé ce mot.

– Je crois que le problème est plutôt d'ordre

aérodynamique. La prochaine fois, plie mieux ton avion pour qu'il ne pique pas du nez!

Emily sourit.

– La prochaine fois? Il n'y aura pas de prochaine fois. Surtout pas en physique!

En cours d'informatique, Emily s'asseyait en général à côté de Grace, mais en arrivant dans la salle de classe, elle constata que Grace s'était installée avec Molly et Jade en s'arrangeant pour qu'il n'y ait pas de place pour une quatrième personne avec elles. Le message ne pouvait être plus clair. Emily eut l'impression de recevoir une claque en pleine figure.

– Viens t'asseoir avec Matt et moi, s'empressa de lui proposer Luke en voyant sa mine déconfite.

– Merci, dit Emily, au bord des larmes. Mais je vais d'abord essayer de leur parler.

Elle s'avança vers Grace, Molly et Jade d'un pas peu assuré.

– S'il vous plaît, les filles, commença-t-elle. Je vous ai dit à quel point j'étais désolée. Ça m'a servi de leçon. Plus jamais je ne répéterai un secret, promis.

Elle marqua une pause, et comme personne ne lui répondait, elle reprit:

– J'ai fait une bêtise. C'était vraiment idiot de ma part. Mais Luke n'a même pas eu le temps de lire mon message.

Molly se contenta de hausser les épaules avant de se détourner. Grace et Jade ne lui accordèrent même pas un regard.

Avant qu'Emily ait eu le temps d'ajouter quelque chose, Mme Sanderson fit son entrée en classe.

– Bonjour, tout le monde, lança-t-elle. Assieds-toi, s'il te plaît, Emily. Nous sommes en cours d'informatique, pas dans un salon de thé.

Emily prit place, complètement abattue. Cette remarque de Mme Sanderson ne faisait que l'enfoncer un peu plus. Heureusement qu'il y avait la première répétition du *Lac des cygnes* cet après-midi-là pour lui changer les idées ! Sans cela, elle aurait préféré passer le restant de la journée au fond de son lit.

La répétition pour le spectacle de Noël était prévue à 14 h 30 à l'Opéra royal. Après un déjeuner rapide, les élèves concernées prirent le bus de l'école qui les amena dans le centre de Londres. Jade et Molly montèrent dans le bus les premières et s'assirent côte à côte. Grace insista pour s'asseoir avec

Kate, laissant Emily avec Isabelle. Emily fit comme si de rien n'était, mais elle avait l'impression que le monde entier s'écroulait autour d'elle. Depuis qu'elles avaient intégré la Lower School, elle avait toujours tout partagé avec Grace. À présent, cette dernière lui signifiait clairement qu'elle ne voulait plus avoir affaire à elle. Emily ne savait pas si elle allait pouvoir supporter l'hostilité de son amie plus longtemps.

Quand le bus parvint à destination, le visage d'Emily s'éclaira. Le majestueux bâtiment de l'Opéra royal se dressait devant eux. Les y voilà ! Elle se rendait à sa première répétition du *Lac des cygnes* ! C'était comme un rêve qui se réalisait... Le plus beau des rêves.

Les filles se mirent en tenue et se laissèrent guider jusqu'à un studio où les attendait un maître de ballet de la compagnie du Royal Ballet.

– Bonjour, mes petits cygnes, lança-t-il en guise de salutation. Je suis M. Parks et c'est moi qui suis chargé de vous apprendre votre chorégraphie. Bon, je vais vous laisser vous échauffer et ensuite nous pourrons commencer.

Emily s'installa à la barre, le cœur battant. Ce n'était qu'une barre toute simple, dans un studio qui ressemblait à tant d'autres, se disait-elle, mais savoir que tous ses danseurs préférés avaient répété ici même lui donnait des frissons de plaisir. Toutes ces émotions lui faisaient presque oublier ses mésaventures à l'école.

Une fois l'échauffement fini, M. Parks déclara :

– Tout d'abord, je tenais à vous féliciter d'avoir été sélectionnées pour danser dans *Le Lac des cygnes*. Cela veut dire que vous êtes des danseuses très douées et que vos performances jusqu'ici ont été convaincantes.

Le visage d'Emily se fendit d'un large sourire. Les compliments d'un maître de ballet de la troupe du Royal Ballet étaient à ses yeux ce qu'il pouvait y avoir de plus précieux.

– Mais il y a une grande différence entre un cours de danse où vous pouvez exceller, et la scène d'un opéra où vous danserez devant des centaines de personnes à chaque représentation. En classe, ce n'est pas dramatique si vous êtes un peu en retard sur un mouvement. Sur scène, c'est une autre histoire ! Quand on danse dans un corps de ballet, chaque mouvement doit être parfaitement synchrone avec celui des autres. En tant que petits cygnes, vous devrez faire très attention à ce que font vos camarades pour ne pas être à contretemps. La synchronisation est ce qu'il y a de plus important.

Emily sentait la nervosité la gagner en entendant ces mots. Elle savait qu'il disait vrai. Être le seul petit cygne à ne pas danser en même temps que les autres, c'était faire en sorte d'attirer, à coup sûr, l'attention des spectateurs sur soi, mais pas pour les bonnes raisons !

M. Parks frappa dans ses mains et enchaîna :

– Nous allons commencer par vous diviser en deux groupes. L'entrée sur scène se fera sur deux lignes.

Il désigna Grace, Molly, Jade et Rachel Thulborn pour faire partie du premier groupe. Emily vit le soulagement s'afficher sur le visage de Grace et se demanda si Jade et Molly étaient également soulagées de ne pas être dans le même groupe qu'elle…

Holly dévisagea Emily avec un air perplexe. Comme elle ne savait rien de leur brouille, elle lui demanda :

– Ce n'est pas grave si tu n'es pas avec Grace, Molly et Jade ?

– Elle ne sera dans notre groupe que pour danser, intervint Natasha, une fille de quatrième. Ses copines ne seront pas loin !

– Oui, bien sûr, fit Emily en essayant de paraître enjouée.

« Ce n'est pas si important, se dit-elle. Et puis, c'est M. Parks qui a choisi les groupes. » Mais une boule d'angoisse lui serrait la gorge et elle sentait ses joues devenir brûlantes. « Elles ne m'aiment plus », ne put-elle s'empêcher de constater, les lèvres serrées. Les larmes lui vinrent aux yeux.

Après avoir positionné, dans chaque groupe, les filles selon leur taille, M. Parks se posta au milieu de la pièce.

– Je vais vous montrer les premiers pas de votre chorégraphie, déclara-t-il. Vous êtes prêtes ? Temps levé, saut de chat, temps levé, saut de chat… et ainsi de suite. Comme je vous l'ai dit, il faut que vous soyez parfaitement synchrones. Pour les deux distributions, vous entrez en scène en file indienne, de chaque côté. Vous avancez jusqu'où je suis et vous formez deux lignes. Compris ? On fait un essai. À vous !

Le pianiste se mit à jouer et Emily attendit que M. Parks compte les mesures.

– Et un… deux… trois… temps levé… saut de chat…

Emily se concentra pour suivre le rythme de la musique avec précision.

– Vous devez toutes sauter en même temps pour le saut de chat, leur rappela M. Parks. Une fraction de seconde en retard ou en avance et vous êtes sûre qu'on ne verra que vous.

« Temps levé… saut de chat… », se répétait Emily pour essayer de ne plus penser à ce qui s'était passé quelques instants plus tôt. Grace et les autres avaient paru tellement soulagées de ne pas être dans son groupe ! Était-ce à cause du mot qu'elle avait écrit à Luke pendant le cours de M. Lewis ? Elle s'était pourtant excusée… Les filles n'allaient quand même pas lui en vouloir toute la journée ! C'était vraiment injuste, songea-t-elle.

– Temps levé en arabesque, ma belle, la corrigea M. Parks. Un peu d'attention, s'il vous plaît. On recommence !

Emily se fit toute petite sous le regard du maître de ballet et redoubla d'efforts pour ne plus penser à ses amies. « Concentre-toi, voyons, ou tu vas finir par tout fiche en l'air ! » se gronda-t-elle.

– Et… cinq, six, sept et huit !

Les danseuses étaient à présent en ligne sur le devant de la scène.

– Emily, c'est bien comme ça que tu t'appelles ? J'ai l'impression que tu n'es pas complètement avec nous. Ton saut de chat était presque à chaque fois à contretemps. Fais attention au tempo et regarde bien tes camarades, d'accord ?

– Oui, bafouilla-t-elle en s'efforçant de sourire alors qu'elle était au bord des larmes. Excusez-moi.

La journée tournait au cauchemar. Si elle ne se reprenait pas vite, elle risquait de perdre sa place dans la distribution du *Lac des cygnes* ! Elle chercha ses amies des yeux, dans l'espoir de trouver un peu de réconfort, mais elle surprit Grace en train de rouler des yeux et Molly secouer la tête comme si elle s'attendait à ce genre de remarque. Jade haussa les épaules d'un air méprisant.

« Hé ! Mais qu'est-ce qui leur prend ? »

Elle se redressa et se concentra sur les consignes de M. Parks comme si sa vie en dépendait. Qu'importe ce que pensait Grace ! Elle lui montrerait – elle leur montrerait à tous – qu'elle méritait sa place dans le spectacle.

« Tu vas voir ce que tu vas voir, Grace… », ruminait Emily, plus déterminée que jamais à montrer de quoi elle était capable.

À la fin de la séance, Emily se sentait euphorique d'avoir dansé sous le regard acéré de M. Parks, mais elle regrettait de ne pas avoir donné le meilleur d'elle-même depuis les toutes premières minutes.

Les filles étaient sur le point de quitter le studio quand Elissa Burns, l'une des principales danseuses de la distribution, vint les voir.

– Salut, tout le monde ! lança-t-elle avec un sourire chaleureux.

Qu'elle était jolie, avec sa silhouette élancée et sa grâce naturelle ! se dit Emily.

– J'espère que vous n'allez pas mal le prendre, mais je vous ai regardées par le hublot de la porte et je tenais à vous féliciter. Vous m'avez impressionnée. Bravo ! On voit que vous allez être d'excellents petits cygnes.

– Merci, bredouilla Molly qui se tenait le plus près d'elle. Euh… C'est gentil à vous…

Ces compliments avaient cloué Emily sur place. Elissa Burns les avait regardées danser… Et la grande danseuse se tenait à seulement quelques pas d'elle. Tous ses soucis s'envolèrent d'un coup.

– Je vais vous laisser retourner à l'école, poursuivit Elissa. Je suis ravie d'avoir fait votre connaissance, les filles. J'ai hâte de commencer les répétitions générales avec toute la troupe !

– Merci. Nous les attendons également avec impatience, déclara Isabelle, les yeux pétillants d'excitation.

Le cœur léger, Emily quitta le studio. Tant pis si ses copines lui faisaient la tête, elle avait rencontré Elissa Burns. Vivement qu'elle puisse le raconter à Luke !

Cher Journal,

Entre Luke, les répétitions, la blessure de Laura et ma brouille avec Grace, Jade et Molly, je ne sais plus où donner de la tête. Moi qui pensais que cette deuxième partie de trimestre allait être un rêve, j'ai l'impression maintenant que mes journées tournent au cauchemar.

L'ambiance est tellement tendue dans la chambre que je préfère aller chercher un peu de réconfort auprès de Luke plutôt que de faire mes devoirs. Jade et Molly me parlent encore un peu, mais Grace m'ignore totalement.

Je commence à croire qu'elle est jalouse de Luke et qu'elle utilise ce qui s'est passé en cours de physique pour monter les autres contre moi. C'est horrible... Je veux que tout redevienne comme avant !

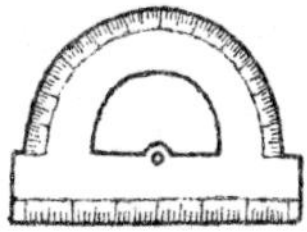

7

– Bonjour, tout le monde, dit M. Top, leur professeur de mathématiques, en entrant dans la salle de classe, le lendemain matin. J'espère que vous avez tous fait les exercices que je vous ai donnés. Faites-moi passer vos copies, merci.

Un devoir à rendre ?

Emily rentra sa tête dans les épaules, avec l'affreuse impression d'avoir déjà vécu ce genre de mésaventure. Oh non ! Après avoir oublié de faire son exercice d'anglais la semaine dernière, voilà que le devoir de maths lui était sorti de la tête ! Elle n'avait pas fait une seule équation de la longue série que M. Top leur avait donnée. Voulant échapper à l'humeur maussade de ses camarades de chambre la veille au soir, elle en avait oublié ses devoirs.

Emily se tourna vers Luke, avec qui elle était assise depuis que Grace, Jade et Molly semblaient s'être liguées contre elle.

– Tu as fait tes équations ? lui demanda-t-elle tout bas.

Le visage blanc comme un linge, il esquissa une grimace embarrassée :

– Non. Et toi, Matt ?

Matt sortit une copie entièrement recouverte de chiffres.

– Et voilà le travail ! Prenez-en de la graine, petits flemmards ! À vous bécoter toute la journée, vous en oubliez d'étudier...

Luke lui donna un coup de coude amusé.

– J'ai compris la leçon, papa ! Mais depuis quand es-tu devenu aussi studieux, toi ?

Cela n'amusait pas du tout Emily, qui sentait à nouveau une boule d'angoisse lui peser sur l'estomac. Que lui arrivait-il ? C'était comme si tout ce qui comptait lui glissait entre les doigts. Impuissante, elle ne pouvait que constater l'enchaînement des désastres les uns après les autres.

« J'étais pourtant une bonne élève, songea-t-elle en voyant les copies s'empiler sur le bureau de M. Top. Et maintenant, qu'est-ce que les professeurs vont penser de moi ? »

Luke était en train de lui murmurer quelque chose à l'oreille, mais elle n'arrivait pas à lui prêter attention.

« C'est depuis que je suis avec Luke… Il prend tellement de place dans ma vie qu'il n'y en a plus pour le reste. Est-ce qu'on peut avoir un petit copain et continuer à vivre normalement ? »

– Merci, dit M. Top, la tirant de ses réflexions. J'ai bien les devoirs de tout le monde ?

Emily leva la main.

– Je suis désolée, monsieur, mais je n'ai pas eu le temps de finir…

Ce n'était pas tout à fait vrai, puisqu'en fait, elle n'avait même pas commencé ses exercices, mais elle ne pouvait se résoudre à dire la vérité devant M. Top et le reste de la classe.

– Est-ce que je peux vous le rendre demain ?

Le visage de leur professeur se rembrunit.

– Bien… Est-ce qu'il y en d'autres qui n'ont pas fait leur devoir ?

Luke leva la main d'un air penaud.

– Moi, monsieur. Je suis désolé. Je n'ai pas fini non plus. Est-ce que je peux vous le rendre demain matin, à la première heure ?

Le professeur les dévisagea tous les deux un instant avant de déclarer :

– C'est bon pour cette fois-ci. Mais que cela ne se reproduise plus. Passons maintenant à la trigonométrie, poursuivit-il en s'adressant à l'ensemble des élèves. C'est une branche des mathématiques qui me tient particulièrement à cœur. Je vais vous en dévoiler les secrets.

M. Top avait retrouvé sa bonne humeur habituelle et Emily fit de son mieux pour se concentrer sur son cours. Mais tout ce qu'il disait lui semblait affreusement compliqué.

– Je crois qu'il vaut mieux qu'on ne se voie pas, ce soir, dit-elle à Luke. On a le devoir d'hier à faire et M. Top va certainement donner d'autres exercices pour demain.

Luke haussa les épaules.

– On n'a qu'à se retrouver à la bibliothèque. On pourra faire nos devoirs et passer un peu de temps ensemble. Un rendez-vous studieux, ça te tente ? On fera d'une pierre deux coups.

Emily n'était pas convaincue par sa proposition. Avec Luke à son côté, allait-elle réussir à travailler sérieusement ? Ils finiraient par bavarder et plaisanter… Elle était sûre de mieux travailler seule.

– Je crois que ce n'est pas une très bonne idée, lui répondit-elle.

– Allez…, insista Luke. Ce sera quand même

plus sympa que d'être chacun dans son coin. Tu ne vas pas rester cloîtrée dans ta chambre toute la soirée !

Quand il fit allusion au dortoir, Emily jeta un coup d'œil en direction de Grace, Molly et Jade qui bavardaient à voix basse, ce qui lui fit changer d'avis sur-le-champ. Pas question en effet de passer la soirée en leur compagnie !

– Tu as raison. Mais tu dois me promettre qu'on va travailler. D'accord ?

– Promis ! fit Luke avec un sourire triomphant.

Emily sourit, mais elle ne pouvait s'empêcher de se demander si elle n'avait pas fait une erreur en cédant. Ah, si seulement les journées étaient plus longues, peut-être trouverait-elle le temps de tout faire !

Le soir venu, Emily alla rejoindre Luke dans la bibliothèque avec une pile de devoirs à faire. En plus des équations de la veille à rattraper, des exercices de maths pour le lendemain, il y avait également de l'histoire à réviser.

– On a du pain sur la planche, déclara Luke. Et cette fois-ci, n'essaie pas de me distraire, Emily ! ajouta-t-il en faisant mine de la gronder. Ce soir, c'est boulot, boulot, boulot !

Quel culot ! Emily pouffa de rire.

– Moi ? Te distraire ? Comme si c'était mon genre !

Un garçon de troisième leva la tête de ses cahiers, les sourcils froncés.

– Pourriez-vous parler plus bas ? leur demanda-t-il d'une voix sèche. Il y en a qui veulent travailler ici !

– Désolée, fit Emily en baissant la tête.

Mais Luke fit une grimace à laquelle elle ne put résister.

– Bon, on commence par les maths ! gloussa-t-elle. Ça suffit maintenant. Chut !

Emily se plongea dans ses équations et les finit avant même de s'en rendre compte. Elle passa ensuite aux exercices que M. Top leur avait donnés le jour même avant d'ouvrir son livre d'histoire. Elle s'en sortait comme un chef !

À son côté, Luke commençait à s'agiter sur son siège.

– J'ai besoin de me dégourdir les jambes, lui dit-il au bout d'un moment. Tu viens avec moi faire une petite promenade ?

Emily secoua la tête.

– Non, merci. Je préfère finir ça.

– Cinq minutes ! Le temps de faire une partie de ping-pong et on revient.

Il s'étira longuement et la chatouilla pour l'empêcher de se replonger dans ses révisions.

– Emily… Je sais que tu en as très envie… Ne te fais pas prier !

– Arrête ! le supplia-t-elle entre deux gloussements.

Le garçon de troisième leur lança un regard noir.

– J'essaie de travailler ! Si vous avez envie de vous amuser, allez ailleurs.

Les joues d'Emily s'enflammèrent.

– Pardon.

Luke leva les yeux au ciel et l'engagea à quitter la pièce au plus vite. De toute façon, elle n'allait pas rester là après ce qui venait de se passer !

– Ne perdons pas de temps, dit-elle une fois dehors. Cinq minutes et après, je vais dans ma chambre travailler. Ça te va ?

– Parfait, lui répondit Luke en lui prenant la main.

Kate et Matt étaient en train de faire une partie de ping-pong quand ils arrivèrent dans la salle de jeux. Matt leur proposa d'enchaîner avec un double-mixte et Luke accepta avant même qu'Emily eût le temps de répondre. Elle consulta sa montre et se dit qu'il lui restait largement assez de temps pour réviser son histoire plus tard.

– Et c'est la victoire de Mlle Walker avec un score époustouflant de 21 à 17 ! s'écria Kate après quelques échanges de balles. Eh oui, elle est décidément imbattable cette année. Son adversaire est au bord des larmes…

– Pas du tout ! s'indigna Matt en faisant semblant de la frapper avec sa raquette. Il l'a laissée gagner par pitié.

– Bien sûr ! Ton nez s'allonge, Matt Haslum. Tout le monde sait à quel point tu aimes gagner. Mais ce ne sera pas contre moi !

– Je ne vous tiendrai pas rigueur d'une telle diffamation, mademoiselle Walker, déclara Matt en se fendant d'une révérence. Maintenant, unissons nos forces pour vaincre Roméo et Juliette que voilà. Que les meilleurs gagnent !

– En fait, je…, commença Emily avant de se raviser.

Elle n'avait prévu de rester que cinq minutes, mais après tout, elle avait encore du temps avant d'aller dormir pour réviser. Et Luke était déjà en train de tirer à pile ou face pour savoir qui allait ouvrir le match…

Après tout le travail qu'elle avait abattu à la bibliothèque, elle méritait bien une petite pause !

Le temps fila et la partie dura une bonne demi-heure. La victoire revint à Kate et Matt qui l'emportèrent deux manches contre une. Il était l'heure pour tout le monde de regagner les dortoirs. Après avoir souhaité bonne nuit aux garçons, Emily et Kate montèrent dans leur chambre.

Emily trouva Grace, Molly et Jade en train d'emballer de petits cadeaux pour Laura.

Oh non ! L'anniversaire de Laura tombait le lendemain et Emily l'avait complètement oublié. Elle n'avait même pas pensé à lui acheter une carte.

– Tu as fait tes maths ? lui demanda Grace, non sans une pointe d'ironie dans la voix.

– Oui. Je vais faire une carte d'anniversaire pour Laura. J'avais oublié que c'était demain.

– Tu peux signer la mienne, si tu veux, proposa Jade. Je n'ai pas encore collé l'enveloppe.

– C'est vrai ? Super ! Merci, dit Emily, soulagée de voir que Jade lui avait pardonné. Mais il va falloir que je lui achète un cadeau ce week-end !

Grace souleva un sourcil méprisant.

– Il va bien falloir, oui !

Cher Journal,

J'ai réussi à rattraper mon retard, ce soir. Je vais pouvoir rendre mon devoir de maths et j'ai fait tous les exercices pour demain. Seulement voilà, je me sens terriblement coupable d'avoir oublié l'anniversaire de Laura. Ces derniers temps, ma mémoire est comme un morceau de gruyère ! Quoi que je fasse, je finis toujours par en oublier la moitié.

Pour Luke, les choses sont plus faciles. Comme il n'a pas de répétitions en plus, il a le temps de faire ses devoirs.

Cela ne veut pas dire que je regrette d'avoir été sélectionnée pour danser dans Le Lac des cygnes *! Mais c'est juste que je n'ai plus le temps de rien faire... J'ai l'impression d'être un hamster qui ne pourrait pas descendre de sa roue. Plus je cours, plus les choses s'affolent autour de moi...*

Une semaine passa. Les répétitions pour *Le Lac des cygnes* s'intensifièrent et se multiplièrent. Emily était de plus en plus débordée par les événements. Certaines répétitions avaient lieu en même temps que les cours académiques, ce qui obligeait les danseuses à rattraper leurs leçons le soir, après avoir fait leurs devoirs, bien entendu ! Emily prenait toujours plus de retard.

Un matin, après le petit déjeuner, Mme Parrish vint lui demander de la suivre dans son bureau.

– Je voulais te parler seule à seule, parce que je

pense que quelque chose ne va pas, déclara la surveillante de dortoir d'une voix grave.

– Que voulez-vous dire ?

– Plusieurs professeurs sont venus me voir. Ils s'inquiètent car tu ne travailles plus avec autant d'assiduité qu'avant.

Emily baissa les yeux, incapable de soutenir plus longtemps le regard inquisiteur de Mme Parrish.

– Je sais que certains élèves pensent qu'ils peuvent relâcher leurs efforts en cinquième, après avoir travaillé d'arrache-pied toute la première année, reprit Mme Parrish. Mais ce n'est pas une bonne idée. Si tu veux rester à l'école du Royal Ballet, tu dois travailler sans relâche, aussi bien en danse qu'en cours académiques. Il ne faut pas négliger tes études, car en danse, une carrière ne dure pas éternellement. Et on ne sait jamais ce qui peut arriver. Regarde Laura… Elle aura besoin d'avoir de solides connaissances académiques si sa blessure l'empêche de danser.

Emily hocha la tête. Il était vrai qu'elle avait négligé ses études, ces derniers temps. Et savoir que ses professeurs avaient discuté de son cas la mettait encore plus mal à l'aise. Pensaient-ils qu'elle prenait à la légère sa formation à la Lower School ? Rien que d'y penser, elle en avait la chair de poule.

– Je suis désolée, fut tout ce qu'elle réussit à dire.

– Bien, poursuivit Mme Parrish. Tu as toujours été une bonne élève, Emily. Tous les professeurs s'accordent à le dire. Ce serait dommage de tout gâcher. Je sais, et je suis certaine que tu le sais aussi, que tu peux faire mieux.

Puis, au grand soulagement d'Emily, elle sourit.

– Bon, je crois que tu as compris. Je vais te laisser aller en cours, maintenant, sinon tu vas être en retard. J'espère que je n'aurai pas à te répéter cela à l'avenir.

Emily secoua la tête vigoureusement.

– Oh non, je vous le promets. Je vais faire des efforts et travailler dur.

– Parfait. J'ai hâte d'entendre tes professeurs me rapporter tes progrès. Mais si les choses ne s'arrangent pas, je devrai en référer à Mlle Purvis, tu le sais ?

– Vous n'aurez pas à le faire, madame Parrish.

Emily quitta le bureau de Mme Parrish avec la ferme résolution de redevenir une élève modèle. Il était hors de question qu'on doute encore de sa motivation à rester à l'école du Royal Ballet.

– Je vais faire mes devoirs et réviser mes leçons, ce soir, déclara Emily à Luke après le dîner.

Il la dévisagea d'un air perplexe.

– Ça va, Emily ? Tu as l'air… bizarre.

Elle poussa un profond soupir.

Elle avait bien trop honte pour lui parler de sa conversation avec Mme Parrish, mais il avait l'air sincèrement inquiet.

– Je me suis fait tirer les oreilles par Mme Parrish… Les professeurs lui ont dit que je ne travaillais pas assez.

– C'est vrai ?

Il lui passa un bras consolateur autour des épaules et elle se blottit contre lui.

– Oui. Je crois que je vais devoir passer un peu moins de temps avec toi et travailler un peu plus.

Il déposa un baiser sur son front et lui sourit.

– Et moi, je crois que je vais devoir m'y faire. Mais tu es sûre que ça va ? Si tu as besoin de parler, je suis là, tu sais.

– J'adorerais bavarder avec toi plus longtemps, mais…

– Je comprends. Tu as des devoirs à faire. Ne t'inquiète pas, Emily. Je suis sûr que tout va s'arranger très vite.

« Je l'espère, Luke », pensa-t-elle en se dirigeant vers le dortoir.

*

Allongée sur son lit avec une longue liste de verbes français à apprendre, Emily n'arrêtait pas de repenser à sa conversation avec Mme Parrish. Quel moment horrible…

– Tiens, une revenante! lança Grace en faisant irruption dans la chambre. Pas de rendez-vous avec le beau Roméo, ce soir?

Emily fit non de la tête et roula sur le côté pour lui tourner le dos. Quelque chose dans la voix de Grace lui parut vindicatif. Mais elle était trop fatiguée pour se prendre le bec avec elle. Mieux valait l'ignorer. De toute façon, Grace était la dernière personne au monde avec qui elle avait envie de parler de Luke! N'ayant jamais eu de petit ami, elle ne pouvait pas comprendre.

– Qu'est-ce qui t'arrive? insista cette dernière. Tu ne daignes même plus me parler?

Grace ne lâchait décidément pas prise. Emily la trouvait culottée de poser une telle question. Qui ignorait l'autre, ces derniers temps?

– Que veux-tu dire par là? demanda Emily en se retournant.

– Ce que je veux dire? Depuis que tu sors avec Luke, tu n'as plus de temps pour personne. C'est tout juste si on échange deux mots par jour! Tu n'as pas su garder le secret de Molly, tu as oublié l'anniversaire de Laura et tu es tellement occupée à passer tout ton temps avec ton amoureux que tu en oublies de faire tes devoirs ! Voilà ce que je veux dire.

Emily se redressa d'un bond. Comment Grace osait-elle lui faire la leçon ?

– Qu'est-ce que cela peut te faire que je fasse ou non mes devoirs ?

– Il se trouve que tu étais mon amie. Je m'inquiète pour toi. En plus, j'ai l'impression de t'avoir perdue… C'est comme si tu n'étais pas vraiment avec nous.

Emily soutint son regard, les lèvres serrées par la colère.

– C'est toi qui te montres odieuse avec moi ! Et puis, tu es jalouse de Luke…

– Jalouse ? l'interrompit Grace. Je ne suis pas jalouse de lui. C'est simplement que j'en ai par-dessus la tête de ne plus compter dès que Luke est dans les parages.

– Tu ne…

Emily se tut. Grace était écarlate et semblait au bord des larmes.

– Ce que je veux dire…, reprit Grace en se laissant tomber sur son lit. C'est qu'on ne traite pas ses amies de cette façon. Tu me donnes l'impression d'être… inexistante. C'est comme si, du jour au lendemain, je ne comptais plus pour toi.

Emily en eut le souffle coupé.

– Que racontes-tu ? Bien sûr que tu comptes pour moi.

Elle comprit d'un seul coup ce que Grace avait enduré ces derniers temps. Comment ne l'avait-elle pas vu ? Comment pouvait-on être aveugle à ce point ? se reprocha-t-elle. Depuis leur retour des vacances de la Toussaint, Emily passait effectivement tout son temps libre avec Luke, alors qu'avant, c'était avec Grace qu'elle le passait.

– Je suis désolée, dit-elle après un petit silence. Tu as raison. Je n'ai pensé qu'à Luke… au point de délaisser tout le reste. Quand tu essayais de me le faire comprendre, je prenais ça pour de la jalousie.

– Je voulais seulement retrouver mon amie, lui expliqua Grace. Mais c'était comme si je n'existais plus.

Emily fut prise de remords.

– Je suis désolée, Grace.

Elle se leva et s'élança vers son amie.

– Je suis vraiment désolée. Je n'ai même pas pensé à ce que tu pouvais ressentir. En fait, les amies ont autant besoin d'être rassurées que les petits copains.

– Ça oui ! Je suis désolée aussi d'avoir été sèche parfois et de t'avoir provoquée, ce soir… Je crois que j'avais besoin que ça sorte.

– Tu as bien fait. Je te promets que ça n'arrivera plus. Pour moi, notre amitié est l'une des choses les plus importantes dans ma vie. Si j'ai été assez stupide pour la négliger, je ne recommencerai plus.

Puis elle serra Grace dans ses bras.

– Tu m'as manqué, lui souffla-t-elle, la gorge nouée par l'émotion.

– Tu m'as manqué aussi, Emily. Je suis heureuse de te retrouver enfin !

Cher Journal,

Je suis contente de m'être réconciliée avec Grace. Je me sens tellement mieux ! Mais il a fallu qu'elle me dise les choses en face pour que je me rende compte que l'amitié devait se cultiver. C'est la deuxième fois qu'on me rappelle à l'ordre, aujourd'hui. Mais il faut reconnaître que j'en avais besoin. J'ai l'impression d'avoir vécu dans une petite bulle depuis que je suis amoureuse de Luke.

Il est temps d'ouvrir les yeux et de faire attention à mes amies… sans parler de mes études ! À partir de demain, je serai une élève modèle et une amie irréprochable. Et ce, coûte que coûte.

8

Emily se réveilla le samedi matin, pleine de bonnes résolutions, déterminée à montrer à ses amies à quel point elle tenait à elles, à prouver à ses professeurs quelle élève sérieuse elle était et à convaincre M. Parks qu'elle méritait sa place dans la distribution du *Lac des cygnes*. Rien que ça !

– Les choses vont changer, annonça-t-ellc fièrement à Luke alors qu'ils attendaient le minibus de l'école pour se rendre à Sheen. Accroche-toi bien, la nouvelle Emily va faire un malheur !

Luke l'attira contre lui et lui plaqua un baiser sur la joue.

– J'adore l'ancienne Emily, mais je veux bien faire la connaissance de la nouvelle Emily si elle est aussi bien que tu le dis.

– Tu l'as devant toi !

Une fois arrivés à Sheen, Emily entraîna Luke dans une bijouterie acheter un joli collier avec un bracelet assorti pour l'anniversaire de Laura. Le soir, elle partagea son temps avec Luke et ses amies. Le lendemain matin, elle se rendit directement au studio de danse pour s'entraîner avec Luke. Après un déjeuner rapide, elle fit ses devoirs tout l'après-midi et s'assura de n'avoir rien oublié avant de rejoindre les autres. Elle consacra toute la soirée du dimanche à ses camarades de chambrée. Elle avait ainsi partagé son temps libre de façon équitable entre Luke, ses amies et ses devoirs.

Le lundi soir, elle ne s'octroya pas une minute de répit avant d'avoir fini ses devoirs et de réviser ses leçons pour le lendemain. Le mardi soir, elle dansa avec une ferveur nouvelle à la répétition du *Lac des cygnes*. La danse des petits cygnes était un vrai régal. Cette semaine-là, les professeurs prêtaient une attention particulière à leur façon de s'agenouiller sur scène, au moment où les petits cygnes se posent sur le lac.

– Pensez à vos bras, leur rappela M. Parks. Ce sont vos ailes. Pour ce mouvement, ne bougez que l'arrière de votre bras. Ne te penche pas en avant, Molly, cela casse la ligne du corps… C'est mieux. Très bien, Emily. Ta ligne est parfaite.

Le cœur d'Emily fit un bond. Qu'il était agréable d'entendre un compliment ! Ses efforts portaient leurs fruits. Cela valait la peine de se donner du mal.

– Quand va-t-on se voir un peu ? se plaignit Luke le lendemain au petit déjeuner. Je suis content que tu sois redevenue une déesse de la danse, mais j'aimerais bien retrouver ma déesse à moi… Et si on passait la soirée ensemble, en amoureux ?

Emily sourit.

– Ça ne va pas être possible. Avec les répétitions qui s'enchaînent, j'ai un tas de devoirs à rattraper. Et puis…

– On risque d'avoir besoin de toi dans la Salle du billard pour me réconforter si les médecins m'annoncent une mauvaise nouvelle, aujourd'hui ! intervint Laura en se joignant à leur table.

Emily lui adressa un sourire chaleureux.

– À quelle heure as-tu rendez-vous à l'hôpital ? lui demanda-t-elle.

Laura avait les traits tirés. Elle n'avait certainement pas dû fermer l'œil de la nuit, la pauvre !

– À 10 h 30. Le docteur Atkinson m'a dit que les médecins ne pourraient peut-être pas se prononcer de façon définitive sur le bon rétablissement de ma cheville, mais j'espère qu'ils me diront quelque chose de rassurant.

– Croisons les doigts pour que ce soit de bonnes nouvelles, dit Emily.

– Même si elles ne sont pas bonnes, au moins je serai fixée.

Laura détourna la tête, le regard perdu dans le lointain.

– C'est ce qu'il y a de pire : ne rien savoir, devoir attendre..., reprit-elle tout bas. Si je ne peux plus jamais danser, je préfère le savoir tout de suite. Je pourrais me faire à l'idée et passer à autre chose. Mais là, je ne sais rien... C'est horrible.

– J'imagine..., acquiesça Emily. Voyons les choses du bon côté : on va t'enlever ton plâtre, aujourd'hui ! Ce sera quand même plus pratique pour te déplacer.

– Oh oui, fit Laura avec le sourire. Ça me gratte en plus !

Jade leur raconta ensuite la fois où elle s'était cassé le bras, quelques années auparavant.

Emily en profita pour se tourner vers Luke.

– Demain, alors ? suggéra-t-il.

– Rendez-vous... demain !

– Tu as oublié qu'on avait une répétition demain soir, fit remarquer Molly.

– Oh, c'est vrai. Je suis désolée, Luke... Mais peut-être que Laura n'aura pas besoin d'être réconfortée, ce soir, après tout. Si tout va bien, je pourrai te rejoindre après avoir fait mes devoirs. Qu'en penses-tu ?

Luke ne cacha pas sa déception.

– Si tu trouves un peu de temps à perdre avec moi, pourquoi pas ? dit-il d'un air las.

Il finit sa brique de jus d'orange, se leva subitement et déclara :

– À plus !

Puis il s'en alla sans même l'avoir embrassée...

Il y eut un silence embarrassé durant lequel Emily sentit les regards de ses amies converger vers elle. Luke sortit du réfectoire, laissant Emily rongée par la culpabilité. Malgré tous ses efforts pour faire plaisir à tout le monde, elle n'arrivait pas à trouver suffisamment de temps pour Luke. Et voilà qu'il lui en voulait ! Ne voyait-il pas qu'elle faisait de son mieux ?

Grace posa une main sur son bras.

– Ça va ? s'enquit-elle avec sympathie.

Emily haussa les épaules.

– Bof... Il faut bien faire avec.

À l'heure du déjeuner, Emily s'installa à table, fixant son plat d'un air morne. Après avoir passé la matinée à se tracasser à propos de la mauvaise humeur de Luke et à penser au rendez-vous à l'hôpital de Laura, l'appétit lui manquait.

– Laura ! s'écria-t-elle en apercevant son amie faire son entrée dans le réfectoire. Alors, comment cela s'est-il passé ?

On lui avait retiré son plâtre, mais Laura portait à présent une bottine renforcée pour maintenir sa cheville en place. Son visage défait ne laissait pas présager de bonnes nouvelles.

– Que t'ont dit les médecins ? reprit Emily qui s'attendait maintenant au pire.

– Quel est leur diagnostic ? demanda Kate.

– J'espère que ce n'est pas trop grave, intervint Isabelle en tirant une chaise pour Laura.

Laura haussa les épaules.

– Il est trop tôt pour se prononcer, leur répondit-elle, la gorge nouée. Je sais que cela ne servait à rien d'espérer avoir une réponse définitive aujourd'hui, mais je n'ai pas pu m'empêcher d'espérer entendre une bonne nouvelle.

Puis elle éclata en sanglots. Ses amies se resserrèrent autour d'elle et Emily lui tapota le dos.

– On est de tout cœur avec toi, Laura, lui dit-elle. Je sais que c'est terrible d'avoir à attendre comme ça, mais tu sais que tu peux compter sur nous.

– Oui, merci, hoqueta Laura. Ils m'ont dit que cela pouvait prendre encore deux semaines. Je ne sais pas si je vais tenir le coup !

– C'est mieux que d'avoir appris une mauvaise nouvelle, dit Molly avec optimisme. On dit bien « pas de nouvelle, bonne nouvelle » !

– C'est vrai, concéda Laura en se mouchant énergiquement. Mais ne rien savoir est une vraie torture ! Et puis, la patience n'a jamais été mon fort.

Toutes les filles de cinquième restèrent aux côtés de Laura, ce soir-là. Emily dut abandonner son projet d'étudier toute la soirée. Il y avait plus important à faire : remonter le moral d'une amie.

Même Luke comprit que la situation était critique et qu'elle requérait impérativement la présence d'Emily... Ce qui ne l'empêcha pas d'être d'humeur grognon avec elle le lendemain matin, quand ils se retrouvèrent au réfectoire.

– On ne se voit plus jamais seuls, se plaignit-il.

Emily poussa un soupir d'impuissance.

– Je sais et j'en suis désolée. J'ai une répétition pour le spectacle de Noël tout à l'heure et ce soir, je dois rattraper mes devoirs en retard. Je suis vraiment désolée, Luke, mais les choses vont forcément se calmer bientôt et on aura plus de temps à passer ensemble. Au trimestre prochain, je n'aurai plus de répétitions, on pourra se voir plus souvent.

Luke balaya la salle des yeux.

– Le trimestre prochain ! Mais c'est dans super longtemps…

Il marqua une pause avant de reprendre, en la regardant dans les yeux, cette fois :

– Je suis désolé d'être de si mauvaise humeur, mais c'est parce que tu me manques. J'ai l'impression de t'avoir à peine croisée, ces derniers jours. De plus, à chaque fois que je te vois, il y a toujours plein de monde autour. Cela fait une éternité qu'on ne s'est vus tout seuls.

Emily hocha la tête.

C'était bientôt leur tour de prendre une boisson, mais elle l'entraîna par le bras.

– Tu as raison. Viens. Je suis sûre que tu n'as pas si soif que ça. Et si on faisait une promenade romantique à la place ? Rien que nous deux.

Le visage de Luke s'illumina.

– Quelle bonne idée ! dit-il en l'attrapant par la taille. C'est parti !

Emily se laissa aller contre lui tandis qu'ils s'éloignaient dans le couloir.

– Où va-t-on ? lui demanda-t-elle.

– Là où nous porteront nos pas, lança-t-il en riant.

Quand ils passèrent devant un studio vide, Luke la poussa gentiment à l'intérieur.

– Ici, ce sera parfait, lui souffla-t-il à l'oreille.

Ils s'installèrent par terre, adossés contre le mur, dans les bras l'un de l'autre.

– Que cela fait du bien ! soupira-t-il en souriant, aux anges. Enfin seuls.

Emily leva son visage vers le sien et acquiesça.

– Oui, on est bien, ici, loin de tous.

À bavarder, rire et plaisanter de tout et de rien, ils ne virent pas le temps passer. Ce ne fut que lorsque des garçons de quatrième firent irruption dans le studio, les dévisageant avec curiosité, qu'ils consultèrent leur montre.

– Oh non ! Tu as vu l'heure ? Je dois y aller. La répétition a déjà commencé. On se retrouve plus tard !

Luke sauta sur ses pieds.

– Moi aussi, je vais être en retard. On a danse de caractère ! Cours, cours !

Il lui donna un baiser rapide et s'en fut chercher ses affaires de danse en catastrophe.

Le cœur battant, Emily se dépêcha de rejoindre

les autres. Comment avait-elle pu oublier une répétition ? Elle n'était même pas en tenue ! Il fallait encore qu'elle se change et qu'elle attache ses cheveux en chignon… Pourquoi n'avait-elle pas fait plus attention à l'heure ? Le temps avait filé si vite !

« Je cours au-devant de gros problèmes, se dit-elle en grimpant les marches deux par deux. Mais où avais-je la tête ? »

Elle enfila son justaucorps et fit son chignon à une vitesse record. Super. Comme si cela allait impressionner son professeur de ballet. Le visage rouge et ruisselant de sueur, elle dévala les escaliers et courut jusqu'au studio.

À son grand dam, Mlle Bell, la directrice de la Lower School en personne, supervisait les répétitions, ce jour-là.

– Emily ! s'exclama cette dernière en fronçant les sourcils. Je commençais à me demander ce qui t'était arrivé.

Le retard d'Emily semblait la contrarier.

– Je suis désolée, mademoiselle Bell. J'étais…

Elle ne pouvait pas lui dire la vérité. Vite, une excuse crédible.

– J'étais en train de faire mes devoirs et je n'ai pas vu le temps passer.

Il y eut un silence.

Mlle Bell dévisagea Emily d'un air dubitatif.

– Tu faisais tes devoirs ?

Emily acquiesça. Mais elle vit du coin de l'œil Molly qui lui faisait de grands signes de la tête, derrière Mlle Bell. « Non », essayait-elle de lui faire comprendre. Que voulait-elle dire par là ?

– Voyons ça, poursuivit Mlle Bell d'une voix glaciale. On m'a pourtant dit que tu étais allée te promener avec ton petit ami.

Emily ferma les yeux, se sentant défaillir. Comment allait-elle se sortir de là ? Pourquoi ne s'était-elle pas contentée de dire la vérité ?

– Ce qui est vrai aussi, avoua-t-elle sans oser affronter le regard de la directrice.

– Bien.

Le silence qui suivit fut une véritable torture pour Emily.

– Si tu juges plus important de te promener avec ton petit ami que de venir répéter pour *Le Lac des cygnes*, reprit Mlle Bell, peut-être ferais-tu mieux d'aller le rejoindre tout de suite. Je trouverai bien quelqu'un pour te remplacer. Je suis certaine que ce ne sera pas très difficile.

Les filles en eurent le souffle coupé. Emily déglutit avec peine. Avait-elle bien entendu ?

– N'en faites rien, bredouilla-t-elle. Le spectacle

compte beaucoup pour moi. Je suis vraiment désolée. Je vous promets que cela ne se reproduira pas.

– Je l'espère, Emily. Bon, maintenant, dépêche-toi de te mettre en place et commence à t'échauffer.

– Oui, mademoiselle Bell.

Emily enleva son pull et prit place à la barre, le visage cramoisi. Elle inspira profondément et s'efforça de son mieux de retrouver son calme. Elle aurait dû se rendre compte que les choses allaient trop bien pour durer.

De retour dans le dortoir après le cours de ballet, Emily s'attendait à recevoir un peu de réconfort de ses amies, mais il n'en fut rien.

Grace semblait même particulièrement remontée contre elle.

– Comment as-tu pu oublier ? Mais qu'est-ce qui te prend d'oublier une répétition ? Qu'est-ce qui t'arrive ? lui reprocha-t-elle presque en criant.

– Je n'ai pas vu le temps passer, se défendit Emily. Ça peut arriver à tout le monde. Je passais un moment agréable avec Luke. Cela faisait...

Grace secouait la tête en signe de désapprobation.

– Tu ne te rends pas compte, Emily. C'est une

chance inouïe d'avoir été sélectionnée. C'est beaucoup plus important que de traîner avec Luke !

– Ça suffit ! aboya Emily, qui n'avait pas envie de se faire sermonner une deuxième fois en moins de deux heures. Je suis arrivée en retard de quelques minutes, ce n'est pas la fin du monde. Je fais de mon mieux pour être sur tous les fronts à la fois. On a tous droit à une erreur. Voilà, c'est fait.

– Ne dis pas à Laura que tu as oublié la répétition, intervint Jade qui retirait son élastique pour libérer ses cheveux. Ça la rendrait folle de savoir que tu as tout bonnement oublié de regarder l'heure, alors qu'elle donnerait tout ce qu'elle possède pour être à ta place. C'est à croire que la danse ne t'intéresse plus tant que ça.

Cher Journal,

Comme je regrette d'être arrivée en retard à la répétition. Déjà que je m'en voulais d'avoir laissé le temps filer sans m'en rendre compte, c'est encore pire depuis que Jade a parlé de Laura. Quelle idiote je suis !

C'est décidé, à partir d'aujourd'hui, j'irai en avance à chaque répétition. Je serai la première installée à la barre et travaillerai plus dur que tout le monde. Je dois bien ça à l'école du Royal Ballet. Je dois ça aussi à Laura et à moi-même.

Quand Jade m'a demandé si je tenais encore à la danse, cela m'a fait l'effet d'une douche froide. Bien sûr que j'y tiens ! Reste maintenant à en convaincre M. Parks et Mlle Bell.

9

Le lendemain matin, après le petit déjeuner, Mme Parrish vint au dortoir.

– Est-ce que je peux te voir une minute, Emily ?

Son visage grave indiquait qu'elle était au courant de l'épisode de la veille.

Emily acquiesça et la suivit dans son bureau en repensant à l'horrible cauchemar qui l'avait réveillée en pleine nuit : elle était arrivée en retard à la première du *Lac des cygnes* à l'Opéra royal. Une fois dans les loges pour se changer, M. Parks lui avait annoncé que son costume avait été égaré. Elle dut alors entrer sur scène en maillot de bain ! Impossible après cela de se rendormir… Au petit matin, Emily avait les yeux cernés de fatigue et le teint blafard.

– Emily, Mlle Purvis voudrait avoir une petite

conversation avec toi, déclara Mme Parrish après avoir refermé la porte derrière elles.

Emily eut une bouffée d'angoisse. C'était bien ce qu'elle redoutait.

– Que pensez-vous qu'elle veuille me dire ? demanda Emily d'une petite voix. Vous croyez qu'elle va…

Les mots lui restèrent dans la gorge. Si la directrice de l'école du Royal Ballet lui annonçait qu'elle avait perdu son rôle dans *Le Lac des cygnes*, ce serait la pire des choses qui pouvaient lui arriver au monde.

– Je ne sais pas, lui répondit Mme Parrish. Je vais rester ici. Tu pourras venir me voir après, si tu veux qu'on en parle.

Emily acquiesça.

– Merci.

Tétanisée par la peur, elle dut faire un effort surhumain pour se lever. Le couloir qui menait au bureau de la directrice principale lui parut soudain immense et oppressant.

– C'en est fini de moi…, marmonnait-elle en traînant des pieds.

La secrétaire de Mlle Purvis lui dit d'entrer sans attendre. Emily sentit son cœur s'emballer.

Mlle Purvis était assise à son bureau.

Elle leva les yeux de ses dossiers à l'entrée d'Emily.

– Assieds-toi, je t'en prie, lui dit-elle d'une voix grave.

Emily s'installa tout au bord du siège que lui avait désigné la directrice.

– Sais-tu pourquoi je t'ai convoquée, Emily ?

Emily se mordit la lèvre inférieure.

– C'est à cause d'hier ? De mon retard à la répétition ?

Trop honteuse, elle n'osait soutenir le regard de Mlle Purvis.

– Oui, en partie. Mais j'ai parlé à Mme Parrish qui m'a dit que vous avez déjà eu une conversation concernant ton travail en classe. Tu as rendu des devoirs en retard et tes notes ont chuté. J'ai l'impression que plus rien ne va en ce moment, Emily. Je sais que la formation à l'école du Royal Ballet est difficile, parce que vous devez exceller à la fois en danse et en cours académiques, mais ce n'est pas insurmontable. Il faut beaucoup de volonté et de travail. Or, il semblerait que tu manques de volonté depuis quelque temps, du coup, la qualité de ton travail s'en ressent. Pourquoi ce manque de motivation ?

– Mais je suis motivée ! s'empressa d'affirmer

Emily. Je fais de mon mieux, je vous l'assure, mais…

Elle laissa sa phrase en suspens car elle ne pouvait avouer à Mlle Purvis qu'elle tenait autant à Luke qu'à la danse…

– Je suis persuadée que tu fais de ton mieux. Je pense que tu es une personne pleine de bonne volonté, mais je ne peux pas me permettre de laisser monter sur la scène de l'Opéra royal une danseuse qui ne se dévoue pas entièrement à ce qu'elle fait. Des centaines de personnes vont venir assister au spectacle de Noël et ces personnes paient leur billet cher. C'est pourquoi je…

– Oh non ! s'écria Emily qui préférait encore couper la parole à la directrice de l'école que d'entendre ce qu'elle allait lui dire. Ne me renvoyez pas de la distribution !

Les larmes lui vinrent aux yeux rien que d'y penser.

Mlle Purvis la dévisagea avec bienveillance.

– Ce n'est pas ce que je voulais dire, Emily, la rassura-t-elle. Je voulais simplement te mettre en garde. Si tu continues d'avoir du retard en classe et si tu ne montres pas plus de motivation aux répétitions, tu devras renoncer à participer au *Lac des cygnes* avec la troupe du Royal Ballet. Je sais que c'est dur à entendre, mais c'est pour ton bien. Si c'est trop d'efforts pour toi, mieux vaut ralentir le rythme.

– Oh non, je vous jure que ça ira. Je vous promets de travailler dur, aussi bien en classe qu'en cours de ballet.

Malgré le soulagement d'apprendre que tout n'était pas perdu, Emily ne pouvait s'arrêter de pleurer. Elle était encore toute secouée.

Mlle Purvis se leva et vint la réconforter.

– Ne pleure plus. Songe que tu vas danser dans *Le Lac des cygnes* ! Je suis contente de voir que tu tiens toujours autant à la danse. Tu es une bonne élève et je sais que tu vas te ressaisir très vite.

Emily quitta le bureau de Mlle Purvis avec ses derniers mots qui résonnaient dans sa tête : « Tu es une bonne élève et je sais que tu vas te ressaisir très vite. » Oui, elle allait se ressaisir. La danse était ce qu'il y avait de plus précieux dans sa vie.

Cher Journal,

J'ai eu une longue conversation avec Mlle Purvis. Encore une personne qui doute de moi. C'est horrible. Je risque de perdre mon rôle dans Le Lac des cygnes *si je continue à faire les choses à moitié. Je suis allée voir Mme Parrish pour lui parler de tout ça. Elle a été adorable et cela m'a fait du bien.*

Comment en suis-je-arrivée là ?

Le problème, c'est que je crois connaître la réponse. Mme Parrish aussi. C'est Luke... Tout a commencé à mal tourner à partir du moment où nous sommes sortis ensemble. Je n'arrête pas de pleurer depuis que je me le suis avoué. Ce n'est pourtant pas sa faute. Il est adorable, prévenant, compréhensif... Et je me sens si bien quand il me prend dans ses bras, mais cette histoire me prend trop de temps et trop d'énergie. Je n'arrive pas à concilier ma vie amoureuse et ma vie d'élève à l'école du Royal Ballet. La seule solution serait... de le quitter.

Je n'en reviens pas de l'avoir écrit noir sur blanc. C'est tellement injuste ! Mais si je veux voir les choses en face – et il faut bien affronter les choses en face, à un moment ou à un autre – c'est la seule solution. Si je ne mets pas un terme à notre histoire, c'est ma carrière de danseuse que je risque de compromettre.

C'est la pire des décisions que j'ai jamais prises, mais je sais que je dois le faire. Je vais dire à Luke que c'est fini entre nous deux.

Emily déprima toute la journée. Elle n'eut pas le courage d'en finir avec Luke avant le soir. Elle prétendit avoir loupé le cours de géographie parce qu'elle était malade et ne cessa de remettre leur rupture à plus tard. Tout était encore trop confus dans sa tête.

À chaque fois que Luke lui souriait ou qu'il la taquinait, elle avait un pincement au cœur.

– Qu'est-ce qui ne va pas ? lui demandait-il alors.

Emily se contentait de secouer la tête et de répéter :

– Rien… Je t'en parlerai tout à l'heure.

Repousser les choses ne faisait que les rendre plus pénibles, elle le savait, mais le courage lui manquait. C'était pour leur bien à tous les deux, se disait-elle pour se motiver. Ils devaient penser avant tout à leur carrière. C'était un mal pour un bien… quoique sur le moment, cela leur ferait certainement plus de mal que de bien !

Ce ne fut qu'après le dîner, une fois seuls, qu'elle se décida à crever l'abcès.

– Allons dans le studio Ashton, il est vide, déclara-t-elle en l'entraînant par le bras.

– Super. On va enfin avoir un peu de temps à nous.

Il l'enlaça et se pencha pour l'embrasser quand elle se dégagea de son étreinte. Il la dévisagea sans comprendre, surpris et blessé à la fois.

– Luke…, commença-t-elle, le cœur lourd. Mlle

Purvis m'a convoquée aujourd'hui à cause de mon retard à la répétition d'hier. Elle m'a dit…

Non, elle ne pouvait mettre leur rupture sur le compte de la directrice. C'était lâche et faux.

– Ce que j'essaie de te dire, reprit-elle après une profonde inspiration, c'est que je crois qu'il vaut mieux qu'on arrête de sortir ensemble.

Elle déglutit avec peine.

Luke semblait complètement abasourdi.

– Cela ne veut pas dire que…, s'empressa-t-elle d'ajouter pour rompre ce silence si gênant. Cela ne veut pas dire que je ne t'aime plus, ou qu'on n'est pas bien ensemble. J'adore être avec toi, tu le sais.

– Mais alors pourquoi veux-tu que ça s'arrête ?

– Parce que… Je pense que c'est mieux pour nous. J'ai tout le temps envie d'être avec toi, mais d'un autre côté, mes notes en classe dégringolent et je n'arrive pas à faire mes devoirs à temps, sans compter mon inattention pendant les répétitions, quand je n'arrive pas en retard !

– Cela ne t'est arrivé qu'une fois !

– Je sais, mais…

Comment lui faire comprendre sans le blesser ?

– Mlle Purvis m'a dit que je pouvais perdre ma place dans le spectacle si je ne me ressaisissais pas. Alors…

Rien que d'y penser, les larmes lui vinrent aux yeux.

– Alors, c'est pour ça que tu me laisses tomber ? Mais c'est pas vrai ! Dis-moi que c'est une blague !

– Je le fais pour toi aussi, objecta Emily, mais elle ne semblait elle-même plus si convaincue.

– À d'autres !

La douleur se lisait dans ses yeux. Il la fixait avec une intensité qui lui fit détourner son regard.

– Tu dois me croire. Je fais ça pour ne pas compromettre ma carrière de danseuse. Et c'est valable pour toi aussi. Si on reste ensemble, on va finir par négliger la danse et nos études.

L'émotion faisait trembler sa voix. Quand elle essaya d'attraper sa main, il eut un mouvement de recul.

– Mais on peut rester amis, non ? demanda-t-elle.

– Non, dit-il avec fermeté. Puisque tu ne veux plus sortir avec moi, je ne vois pas pourquoi je resterais ton ami.

Puis il tourna les talons et quitta la pièce, la laissant seule et désemparée.

Emily ne sut même pas comment elle avait réussi à revenir dans le dortoir, tellement elle pleurait, mais ses pas l'avaient portée tout naturellement là. Elle s'écroula sur son lit, laissant libre cours à son chagrin.

– Emily ! Que t'arrive-t-il ?

La tête enfouie dans son oreiller, elle entendit à peine la voix de Grace, qui vint auprès d'elle pour la réconforter.

– Qu'y a-t-il, Emily ? insista-t-elle. Que s'est-il passé ?

– C'est Luke. On vient de rompre. J'ai…

Mais la douleur l'emporta et les sanglots reprirent de plus belle. Emily avait l'impression que son corps tout entier souffrait et que son cœur allait exploser.

– Oh, je suis désolée, intervint Molly en s'asseyant sur son lit. Pourquoi a-t-il fait ça ? Que t'a-t-il dit ?

– Ce n'est pas lui qui a rompu, mais moi. Et je me rends compte que je n'aurais jamais dû le faire.

Grace la prit dans ses bras et la laissa pleurer tout son soûl. Jade lui apporta un paquet de mouchoirs et lui tendit un verre d'eau.

– Raconte-nous ce qui s'est passé, dit Grace en voyant qu'Emily se calmait un peu.

Elle leur rapporta alors brièvement la conversation qu'elle avait eue avec Luke quelques instants plus tôt.

– Si vous aviez vu ses yeux ! On aurait dit qu'il me détestait. Maintenant, je suis sûre d'avoir fait le mauvais choix.

Grace lui frotta doucement le dos.

– C'était très courageux de ta part, fit-elle remarquer. Ce ne doit pas être facile à dire.

– Oh, oui, c'était horrible, sanglota Emily. Je lui ai fait du mal et je m'en veux terriblement.

– Je comprends que tu sois triste et que ça fasse mal, mais je suis sûre que tu as bien fait, affirma Grace. Il va finir par s'en rendre compte.

– Ce n'est pas comme si tu l'avais perdu pour toujours, renchérit Molly. Laisse passer un peu de temps, vous finirez par être les meilleurs amis du monde.

Emily sécha ses larmes, réfléchissant à ce que venaient de lui dire ses amies. Ces dernières semblaient persuadées que Luke finirait par la comprendre et par accepter sa décision. Peut-être avaient-elles raison ? Peut-être fallait-il prendre son mal en patience quelque temps et tout rentrerait dans l'ordre. Mais il l'avait regardée avec tant de colère dans les yeux... Comment pouvait-elle espérer s'en faire un ami ?

Cher Journal,

Je n'arrête pas de pleurer. J'ai le cœur en mille morceaux et l'impression que tout va mal. Luke... Mais qu'est-ce que j'ai fait ? J'étais sûre de prendre la bonne décision, mais à présent, je me demande si je ne me suis pas trompée. Peut-être y avait-il une autre solution. Si c'était ce qu'il y avait de mieux à faire, pourquoi est-ce que cela fait si mal ?

Ce n'est pas comme si on ne s'aimait plus, ou comme si on s'était disputés. Je le trouve toujours aussi craquant et cela me tue de ne plus pouvoir me blottir dans ses bras. Je m'en veux aussi de lui avoir fait du mal...

Les filles ont été très compréhensives. Heureusement qu'elles sont là pour me consoler ! Elles ne cessent de me répéter que j'ai bien fait et que Luke va me pardonner, mais j'ai du mal à le croire. Une chose est sûre : j'ai blessé la personne la plus chère à mes yeux. J'ai encore tout gâché !

10

Emily n'était pas du genre à se morfondre très longtemps, mais elle pleura une bonne partie de la nuit. Au matin, sa première pensée fut pour Luke et elle eut de nouveau les larmes aux yeux. Quand elle entra dans le réfectoire, elle l'aperçut qui faisait la queue devant le comptoir des céréales et dut se retenir de ne pas s'enfuir en courant. Par chance, il y avait une répétition à l'Opéra royal, ce matin-là. Au moins, elle n'aurait pas à assister aux cours communs. La danse l'avait aidée à surmonter bien des problèmes et des situations pénibles, se rappela-t-elle. La répétition des figures familières était des plus rassurantes. Son corps prenait alors le relais, libérant son esprit de tout souci.

Dès son arrivée à l'Opéra royal, elle se mit en position à la barre et commença son échauffement avec ardeur. Quitte à perdre Luke, autant que cela en vaille la peine !

Ce jour-là, M. Parks demanda à Grace et Emily de répéter leur rôle dans l'acte I.

– C'est une scène joyeuse, où vous vous amusez beaucoup, leur rappela-t-il. Vous faites la ronde autour de votre ancien précepteur, vous lui tirez les pans de sa redingote et le faites tournoyer sur lui-même jusqu'à ce qu'il s'effondre sur sa chaise. Je dois voir de la joie dans chacun de vos gestes, d'accord ?

Emily et Grace acquiescèrent tandis que M. Parks leur faisait répéter leurs pas avec Alex, un des danseurs du corps de ballet, qui interprétait le précepteur.

– Piqué, temps levé, chassé, passé, saut de chat… Bien, Emily ! Et on recommence… Soyez légères et joyeuses ! Oui, c'est ça, souriez ! Et… saut de chat. Bien. On recommence.

C'était agréable de répéter avec Grace. Leur complicité se voyait. Emily s'amusait tellement que Luke lui sortit de la tête un moment. C'était comme si elle était vraiment la petite fille de l'histoire. Plus rien d'autre n'existait.

– Je suis content de vous, les filles, les félicita

M. Parks à la fin de la séance. Tu as bien travaillé, Emily. Tu t'es approprié les pas de ce passage avec beaucoup de grâce.

– Merci, monsieur Parks, dit Emily encore essoufflée.

Le maître de ballet avait l'air sincère, constata-t-elle avec bonheur. Elle avait effectivement donné le meilleur d'elle-même. Un tel compliment lui permettait de se persuader qu'elle avait fait le bon choix. Elle n'avait pas sacrifié son amour pour rien, finalement.

Les filles rentrèrent à l'école pour l'heure du déjeuner. En entrant dans le réfectoire, Luke fut la première personne que vit Emily. Il se tenait devant le distributeur de boissons. Le voir à quelques pas d'elle, les épaules baissées, le regard sombre, lui fit l'effet d'un électrochoc. Toutes ses angoisses lui revinrent d'un coup.

Elle inspira profondément. C'était horrible de le voir aussi triste. Malgré ce qu'il lui avait dit la veille, elle prit son courage à deux mains et se dirigea droit sur lui. Il fallait qu'ils fassent la paix.

– Salut, souffla-t-elle en touchant son bras. Ça va ?

Luke eut un mouvement de recul à son contact.

– Oui, merci, lui répondit-il d'une voix froide. Je ne me suis jamais senti mieux.

Puis il s'éloigna sans même prendre de boisson pour aller s'installer à la table de Matt et Danny.

Emily resta là un instant sans bouger. Les yeux lui piquaient.

« Je n'ai que ce que je mérite », se dit-elle.

Emily fixa son reflet dans le miroir, se reconnaissant à peine. Elle portait une robe de velours bleu foncé et un chapeau. Deux semaines avaient passé depuis sa rupture avec Luke et aujourd'hui, elle essayait pour la première fois son costume de scène. Elle monta sur ses pointes et mit ses bras en couronne. Dire qu'elle danserait à l'Opéra royal d'ici quelques jours ! La première du *Lac des cygnes* devait avoir lieu jeudi. Plus que trois jours à patienter.

À sa grande déception, Luke avait pris soin de l'éviter ces quinze derniers jours. Heureusement, les répétitions se passaient bien et les professeurs l'avaient félicitée pour son travail acharné. En classe aussi, les choses allaient mieux. Elle rendait ses devoirs à temps et ses notes s'étaient sensiblement améliorées. Mais tout cela n'était qu'une piètre consolation puisque Luke persistait à lui en vouloir.

« J'ai pris la bonne décision », avait-elle beau se

répéter à chaque fois que M. Parks la félicitait ou quand elle obtenait une bonne note, dès qu'elle croisait le regard froid de Luke, le doute s'immisçait dans son esprit. On aurait dit qu'il la détestait à présent.

– Ça fait bizarre, hein ? demanda Grace en tirant Emily de ses rêveries.

Elles portaient toutes les deux la tenue des petites filles de l'acte I.

– J'ai hâte d'être déjà jeudi soir, poursuivit Grace, mais en même temps, j'ai envie de m'enfuir à l'autre bout de la terre ! Je ne sais pas quoi penser.

– Reste ici, lui dit Emily avec le sourire. Ça va être génial ! On va danser toutes les deux, on ne pouvait pas rêver mieux, non ?

– Tu as raison. Oh, là, là, j'ai le cœur qui fait des bonds.

La responsable des costumes entra dans la pièce et vérifia si leurs tenues leur allaient.

– Parfait pour celui-ci, déclara-t-elle après avoir fait tourner Emily sur elle-même. Tu peux enfiler ton costume de petit cygne, maintenant.

Emily enleva avec soin sa robe et la rangea sur un cintre où était attachée une étiquette… avec son nom dessus ! Puis elle admira son costume de cygne : un tutu en tulle long jusqu'aux genoux et un haut en satin brodé de plumes soyeuses. Le tout était d'un blanc immaculé… magnifique! Il y avait également une coiffe très jolie. La costumière l'aida à la mettre en place sans défaire son chignon.

Emily enfila sa tenue de cygne et contempla longuement l'adorable petit cygne que lui renvoyait le miroir.

– Le rêve est en train de devenir réalité, murmura-t-elle pour elle-même. Je ressemble enfin à une vraie grande danseuse!

Une soirée dansante devait clôturer la fin du premier trimestre. Elle était prévue pour le vendredi soir dans le grand studio Margot-Fonteyn. Emily n'avait pas très envie d'y aller. Il n'y avait pas si longtemps, elle n'aurait manqué l'occasion de danser avec Luke pour rien au monde. Mais depuis qu'ils avaient rompu, elle ne voyait pas l'intérêt de se rendre à une fête.

– Allez, on va passer une chouette soirée entre copines, tenta de la convaincre Molly.

Mais Emily ne partageait pas son enthousiasme. Elle ne cessait de repenser à la dernière fête, juste avant qu'elle ne sorte avec Luke. Elle s'était demandé toute la soirée s'il allait l'inviter à danser… Tout cela lui semblait si loin, à présent.

Elle accepta cependant d'accompagner ses amies, mais les chargea de lui trouver une tenue. Jade s'occupa de sa coiffure, relevant ses cheveux sur le côté avec des barrettes à strass.

– Wouah, tu es superbe ! s'écria Grace.

Mais Emily ne prit même pas la peine de se regarder dans un miroir.

– Prêtes pour le bal, les filles ? demanda Laura en passant la tête dans l'entrebâillement de la porte. Si je peux faire la fête avec mes béquilles, tu peux le faire aussi, Emily, ajouta-t-elle en voyant la mine morose de son amie. Et si tu n'es pas d'humeur à danser, tu pourras toujours me tenir compagnie.

Emily esquissa un sourire. Laura allait à la fête alors qu'elle ne pourrait peut-être plus jamais danser, elle pouvait bien faire un petit effort !

– Tu y vas aussi ? Super ! J'arrive.

Une fois arrivée à la soirée, Emily s'assit loin de la piste de danse avec Laura. Elle ne pouvait s'empêcher de parcourir la salle des yeux pour voir si elle n'apercevait pas Luke. Avait-il préféré ne pas venir pour éviter de se souvenir de leur dernière fête ensemble ? Et s'il avait décidé de venir quand même, serait-il aussi nostalgique et triste qu'elle ?

S'il venait, peut-être accepterait-il de bavarder

avec elle. Elle lui dirait comme elle était triste d'avoir rompu avec lui et combien elle tenait à lui. Peut-être qu'à la fin de la soirée il consentirait à devenir son ami. Comme elle se sentirait soulagée, alors !

À côté d'elle, Laura s'agitait sur son siège. Emily suivit la direction de son regard et vit Luke sur la piste... dans les bras d'Alice en train de danser un rock endiablé !

– Je le savais ! manqua de s'étouffer Emily. Je savais qu'il l'aimait bien.

– Ils ne font que s'amuser, protesta Laura. Ce n'est pas comme s'ils dansaient un slow.

– Je sais, mais...

Emily ne pouvait détacher ses yeux de la piste de danse. Les voir virevolter en riant était plus qu'elle ne pouvait supporter.

– C'en est trop, finit-elle par dire. Je ne vais pas rester là à les regarder s'amuser ensemble. Je m'en vais.

Emily sauta sur ses pieds et s'en fut en courant regagner sa chambre.

Cher Journal,

Quelle mauvaise idée d'aller à la fête ! Si Luke cherchait à me faire mal, il n'aurait pas pu trouver mieux que de danser avec Alice. Il sait comme j'étais jalouse d'elle... Mais de quoi est-ce que je me plains ? Je l'ai bien cherché... C'est moi qui ai rompu.

Laura m'a rejointe peu de temps après mon départ de la fête. Pour nous changer les idées, nous sommes allées regarder un film dans la salle commune. Elle m'a dit que Luke et Alice n'avaient dansé qu'une fois ensemble et que je me morfondais pour rien. Mais je ne peux pas m'empêcher d'y penser... Et ça fait mal.

Le jeudi arriva en un rien de temps. C'était un grand jour pour les filles de cinquième. Non seulement, c'était le jour de la première du *Lac des cygnes*, mais Laura devait également retourner à l'hôpital voir les médecins.

– On est de tout cœur avec toi, Laura, lui dit Emily quand le docteur Atkinson vint la chercher, ce matin-là. On sera probablement parties à l'Opéra royal quand tu reviendras, mais n'oublie pas de nous envoyer un texto pour nous dire comment ça s'est passé.

Laura acquiesça. Elle semblait exténuée. Les cernes sous ses yeux laissaient deviner qu'elle n'avait pas fermé l'œil de la nuit.

– Bonne chance pour ce soir, les filles, dit Laura en partant.

– Merci ! fit Emily. Au revoir !

Une fois Laura partie, Molly leur rappela qu'elles avaient cours.

– Je ne vois pas comment on peut se concentrer en classe alors que la première est pour ce soir, déclara-t-elle.

La matinée n'en finissait pas. Les minutes leur semblèrent durer une éternité. Dès qu'elle le pouvait, Emily essayait de croiser le regard de Luke, mais il s'obstinait à l'ignorer. Matt lui décocha un sourire contrit et haussa les épaules d'un air impuissant.

Emily baissa les yeux, les joues rouges de honte. Matt essayait de se montrer gentil, mais elle ne voulait pas de sa pitié. Tout ce qu'elle voulait, c'était que Luke daigne la regarder et lui parler. Elle avait l'impression qu'elle ne pouvait monter sur scène qu'avec sa bénédiction.

« Ah, si c'était Alice qui dansait *Le Lac des cygnes*, ce soir, il… »

Mais elle se força à ne pas aller au bout de sa pensée. Cela ne servait à rien de songer à Luke et Alice de cette façon.

Emily tenait plus que tout à ce que Luke reconnaisse qu'elle avait fait le bon choix, mais cela semblait illusoire de l'espérer. Il fallait donc qu'elle cesse de penser à lui. Rien ni personne ne devait l'empêcher de donner le meilleur d'elle-même sur scène.

Après une longue journée d'attente, les filles se rendirent enfin à l'Opéra royal pour la première du *Lac des cygnes*. Elissa Burns, la danseuse, fit un saut dans leur loge pendant qu'elles s'habillaient.

– Je tenais à vous souhaiter bonne chance, leur dit-elle avec un sourire lumineux. Je suis sûre que vous allez être de merveilleux petits cygnes.

– Merci, bredouilla Grace en rougissant.

– Je vais me préparer aussi, reprit Elissa. À tout à l'heure, sur scène !

– À tout à l'heure, lui fit écho Molly.

Quand elle fut partie, Jade vérifia pour la énième fois son téléphone portable.

– Toujours pas de nouvelles de Laura. Pourquoi ne nous a-t-elle pas envoyé un texto comme prévu ? Qu'a-t-il bien pu arriver ?

– Je ne sais pas, lui répondit Molly. Elle a dû voir les médecins à l'heure qu'il est.

– J'espère que ce n'est pas parce que..., fit Emily en ajustant son chapeau.

Il n'y avait qu'une seule explication au silence de Laura, mais, par superstition, Emily rechignait à l'exprimer à haute voix. Si les spécialistes lui avaient annoncé une bonne nouvelle, Laura les aurait certainement prévenues tout de suite. En revanche, s'ils lui en avaient annoncé une mauvaise, nul doute qu'elle n'aurait pas le cœur d'en parler.

– Pas de nouvelle, bonne nouvelle ! s'empressa-t-elle d'ajouter, comme pour conjurer le sort.

– Parfaitement, acquiesça Grace qui révisait ses pas. Bon… piqué, temps levé, chassé, passé, saut de chat… Oh, Emily, quand je pense qu'on va monter sur scène dans quelques minutes seulement ! Dis-moi que tout se passera bien.

– Mais oui, ne t'inquiète pas, la rassura Emily en assouplissant ses chevilles, appuyée contre le mur. J'aimerais seulement pouvoir…

Le visage de Luke s'imposa à son esprit et elle secoua la tête pour ne plus voir son regard froid posé sur elle.

– J'aimerais seulement pouvoir arrêter de penser à Luke tout le temps, reprit-elle. Quand je ne m'inquiète pas pour Laura, c'est à lui que je pense. C'est plus fort que moi.

– Je ne sais pas si ça va t'aider, mais je persiste à dire que tu as bien fait de rompre.

Emily esquissa un sourire peu convaincu.

– Je sais que c'était ce qu'il y avait de mieux à

faire, pour moi comme pour lui, mais cela ne m'empêche pas…

Elle haussa les épaules.

– … d'être triste. C'est peut-être bête, mais j'espère qu'il…

La fin de sa phrase se perdit dans les exclamations de joie qui s'élevèrent à l'autre bout du vestiaire. C'était Laura qui était venue leur souhaiter bonne chance. Elle portait toujours sa bottine rigide, mais un sourire radieux éclairait son visage.

– Laura ! s'écria Molly. Mais que fais-tu ici ?

– Alors, qu'ont dit les médecins ? demanda Jade.

– Tu vas bien ? s'enquit Emily en allant à sa rencontre.

Laura hocha la tête. Ses joues étaient encore toutes roses à cause du froid qui régnait dehors.

– Je ne peux pas rester longtemps, parce que je dois regagner ma place. Mlle Bell a été adorable. Elle s'est arrangée pour que j'assiste au spectacle… à défaut d'y participer ! Mais j'ai une excellente nouvelle à vous annoncer : les médecins ont dit que ma cheville se rétablissait très bien et qu'avec un peu de patience et une bonne rééducation, je pourrai reprendre la danse. Bien sûr, ce ne sera pas avant le trimestre prochain, mais ce n'est pas grave.

– C'est super ! s'exclamèrent les filles en se jetant

au cou de leur amie, manquant de peu de la faire tomber à la renverse. Comme on est contentes pour toi !

– Je sais. Merci, les filles. Je ne pouvais pas attendre la fin de la représentation pour vous l'apprendre et vous le dire par texto était trop impersonnel.

– On va danser en ton honneur, déclara Molly très solennellement. Pas vrai, les petits cygnes ?

– Oh oui !

– Et croisons les doigts pour qu'on soit toutes sélectionnées pour le spectacle de l'année prochaine ! Tu auras ta revanche, Laura, c'est promis.

Tout le monde applaudit.

– Des fleurs pour Mlle Emily Brown, fit une voix à l'entrée de la pièce.

Une jeune femme travaillant à l'Opéra se tenait dans l'encadrement de la porte avec un énorme bouquet de roses.

– Pour moi ? s'étrangla Emily. Oh, ce doit être de la part de ma mère. Merci, mademoiselle.

– Je ferais mieux d'y aller, dit Laura en entendant l'annonce faite aux spectateurs pour leur demander de regagner leur place. Bonne chance, les filles !

Le nez dans son bouquet, Emily en savourait le parfum délicat. Puis elle ouvrit l'enveloppe qui l'accompagnait. Sa mère était dans la salle, ainsi que Steve, son beau-père. Ils avaient même invité deux amies d'Emily, Mélissa et Chloé. Comme c'était gentil de la part de sa maman de lui avoir envoyé des fleurs!

En reconnaissant l'écriture sur la carte, Emily faillit lâcher le bouquet.

Chère Emily,

Bonne chance pour la première, ce soir.

Je suis désolé de ne pas te l'avoir souhaité plus tôt.

Bien à toi,

Luke.

PS: Je retire ce que j'ai dit… Je veux bien être ton ami. J'espère que tu es toujours d'accord.

Bisous.

Les yeux d'Emily s'emplirent de larmes… mais de joie, cette fois.

– Hé! Ne pleure pas! s'écria Grace catastrophée. Ton maquillage va couler.

Elle lui tendit un mouchoir et l'aida à sécher ses larmes.

– Les fleurs sont de la part de Luke, expliqua Emily. Il me dit qu'il est désolé et qu'il veut qu'on soit amis.

C'était bien plus qu'elle n'avait espéré. Que la vie était belle !

Grace la serra dans ses bras, ravie de la voir retrouver le sourire.

– Pas trop tôt ! dit-elle en riant.

– Lever de rideau dans trois minutes, les prévint une voix féminine dans l'interphone. On demande les danseurs de l'acte I.

Emily retint son souffle. Le grand moment était enfin venu de monter sur scène.

– C'est à nous.

– Bonne chance, Emily.

– Merci, Grace. À toi aussi.

Sur le pas de la porte, elles se retournèrent un instant pour faire face à leurs camarades avant de s'élancer dans les coulisses de l'Opéra royal.

Cachée dans les pendillons, les rideaux de velours qui masquent les coulisses, Emily attendait son tour, le cœur battant, concentrée sur la musique. Elle sentait la chaleur des projecteurs exhaler l'odeur des fards qu'elle portait sur son visage. Un frisson d'excitation la parcourut quand elle entraperçut les spectateurs. Quelque part parmi eux se trouvaient sa mère, Steve, Mélissa, Chloé et Laura, bien sûr ! Un regain d'enthousiasme l'envahit. Elle était prête à entrer sur scène.

« J'ai travaillé dur pour vivre un moment comme celui-là, songea-t-elle. J'ai même dû renoncer à Luke... Mais cela en valait la peine. Pour rien au monde je ne céderais ma place ! »

Une fois sur scène, son trac s'envola comme par magie. Quelle joie pour elle de danser !

Cher Journal,

Je n'en reviens toujours pas d'avoir dansé devant autant de monde sur la scène de l'Opéra royal. C'était merveilleux. Il n'y a pas de mots assez forts pour décrire cette expérience. J'en ai encore la chair de poule. Je n'oublierai jamais la sensation que cela fait d'entendre un tonnerre d'applaudissements à la fin de la représentation.

Le petit mot de Luke m'a libérée d'un énorme poids. Savoir qu'il veut bien être mon ami est l'une des meilleures nouvelles que j'ai eues ces derniers temps. J'avais si peur de l'avoir perdu pour toujours.

Grace, Molly et Jade ont également adoré danser avec la troupe du Royal Ballet. On est très impatientes de remonter sur scène. Le Lac des cygnes *est encore à l'affiche pour deux semaines. Deux semaines de bonheur !*

Grâce aux problèmes rencontrés ce trimestre, je me suis rendu compte de la chance que j'avais d'être à l'école du Royal Ballet. Une chose est sûre : plus jamais je ne négligerai mes études !

Vivement le trimestre prochain. Je suis sûre qu'il nous réserve plein de bonnes surprises.

ABC de la danse

Méthode du Royal Ballet : programme d'enseignement étalé sur huit ans basé sur une méthode élaborée par l'école du Royal Ballet pour former des danseurs ayant une technique classique pure et solide.

Adage ou adagio : enchaînement de mouvements amples effectués sur un rythme lent permettant au danseur de tenir un équilibre et de prendre une pose de sculpture vivante.

Allegro, grand allegro, petit allegro : suite de mouvements bondissants exécutés sur un rythme rapide.

Arabesque (de l'italien « arabesco » : motif ornemental à la manière arabe) : pose en appui sur une jambe, le corps bien droit, pendant que l'autre, tendue en arrière, est levée à la hauteur (c'est-à-dire de manière à former un angle droit avec la jambe de terre).

Attitude : pose en appui sur une jambe, tandis que l'autre, légèrement fléchie, est levée à la hauteur (devant, derrière ou à la seconde).

Balancé : pas sur trois temps, le plus souvent de côté, qui se caractérise par le transfert du poids du corps d'un pied sur l'autre.

Ballonné : petit saut léger sur un pied pendant que l'autre dégage à la seconde ou en quatrième en l'air pour dessiner avec la pointe un mouvement courbe ascendant avant de se poser sur le cou-de-pied.

Barre : longue pièce de bois horizontale fixée au mur servant d'appui aux danseurs pour les exercices d'échauffement et d'assouplissement (ce qu'on appelle « le travail à la barre »).

Battement : lancé vif de la jambe libre à partir d'une des cinq positions. Il existe de nombreuses variétés de battement, entre autres, le grand battement, le petit battement, le battement frappé.

Battement fondu : battement dans lequel les deux jambes se plient et se tendent simultanément.

Battement frappé : petit battement où le pied de la jambe libre exerce une frappe (sur le cou-de-pied de la jambe de terre, par exemple).

Battu : mouvement de la jambe libre qui vient battre, c'est-à-dire frapper vivement, la jambe de terre (ou jambe d'appui).

Bras en première position basse ou « bras bas » : les bras sont gracieusement arrondis à la hauteur du pubis de manière à maintenir un petit espace entre les doigts.

Chassé ou pas chassé : pas de déplacement où une jambe glisse sur le côté, en avant ou en arrière, vite rejointe par l'autre.

Corps de ballet : ensemble constitué par les danseurs d'une compagnie à l'exclusion des étoiles et des premiers danseurs (ou solistes) qui ne font pas partie du corps de ballet proprement dit.

Cou-de-pied : partie supérieure du pied. L'expression « sur le cou-de-pied » désigne aussi une position où le pied pointé de la jambe fléchie vient se poser sur la malléole (la saillie osseuse de la cheville) de la jambe d'appui.

Coupé : pas de liaison, à terre ou sauté, qui consiste à reporter le poids du corps d'une jambe sur l'autre pour dégager la jambe d'appui et lui permettre d'exécuter un autre pas.

Croisé : une des huit orientations du corps du danseur par rapport au public. Dans le croisé, il se présente de trois quarts, sur une diagonale, de façon à ce que la jambe de devant cache en partie la jambe de derrière.

Dégagé : mouvement de la jambe libre, très tendue, avec pointe piquante, qui passe d'une position fermée (première, troisième ou cinquième) à une position ouverte (seconde ou quatrième) en frottant le sol.

Demi-plié : légère flexion des genoux, qui restent bien au-dessus des orteils, sans décoller les talons du sol.

Demi-pointe : monter sur la demi-pointe, c'est se hisser seulement sur la partie avant du pied et non sur le bout des orteils, comme dans les pointes.

Développé : mouvement lent dans lequel la jambe libre monte en retiré le long de la jambe de terre pour se déployer (devant, derrière ou à la seconde) jusqu'à extension complète.

Échappé : mouvement vif qui commence en cinquième position et consiste en une ouverture simultanée des deux jambes à la seconde au moyen d'un glissé ou d'un sauté.

En croix : enchaînement qui commence en position fermée et comporte quatre pas : devant, à la seconde, derrière, et de nouveau à la seconde, dessinant une croix.

En dedans : décrit une position des jambes caractérisée par les pointes de pieds tournées vers l'intérieur.

En dehors : principe fondamental de la danse classique reposant sur une orientation maximale des jambes vers l'extérieur, allant jusqu'à former un angle de 180° entre les jambes.

Entrechat : saut sur place, de deux pieds sur deux ou sur un. Pendant la suspension en l'air, les jambes croisent très rapidement une ou plusieurs fois (le nombre maximum est dix) avant de se poser sur un pied – avec retiré derrière (si le nombre est impair) ou sur deux (s'il est pair).

Fondu : terme qualifiant un mouvement avec demi-plié progressif sur la jambe d'appui suivi d'une remontée en douceur.

Fouetté : mouvement vif et vigoureux par lequel le danseur raccourcit (c'est-à-dire replie) la jambe libre dégagée en l'air et qui implique un changement de direction. Il existe un grand nombre de variantes.

Glissade : pas de parcours et de liaison qui consiste en un dégagé glissé de la jambe libre avec transfert de poids et se termine toujours en plié.

Grand battement : lancé vif de la jambe tendue en l'air, à la hauteur (à angle droit) ou à la grande hauteur, dont le danseur contrôle ensuite la descente.

Grand jeté : grand écart en quatrième en l'air.

Grand plié : flexion maximum des genoux pendant laquelle les talons quittent le sol (sauf en seconde où le pied reste à plat).

Pas de bourrée : pas de liaison composé de trois petits pas rapides sur la demi-pointe précédés d'un plié.

Pas de bourrée piqué : prise d'appui vigoureuse mais rapide de la jambe libre qui se plante au sol sur pointes ou demi-pointes, genou bien tendu pendant le pas de bourrée.

Pas de valse : pas glissé à trois temps (avec accentuation sur le premier temps de la mesure), qui s'accompagne d'un mouvement tournant.

Petit battement : passage très rapide du pied pointé de la jambe libre de l'avant à l'arrière ou de l'arrière à l'avant de la cheville de la jambe de terre.

Petite batterie ou batterie de croisement : terme générique désignant l'action des jambes qui se croisent pendant le temps de suspension d'un saut. Parmi les pas de la petite batterie, on peut citer l'entrechat.

Piqué : déplacement de la jambe libre suivi d'une prise d'appui. Si la jambe libre se plante vigoureusement au sol, sur pointes ou demi-pointes, genou bien tendu.

Pirouette : tour complet du corps en appui sur une jambe.

Plié : flexion plus ou moins profonde des genoux. Il en existe deux sortes : les demi-pliés et les grands pliés.

Pointe : faire des pointes, danser sur pointes, c'est passer des demi-pointes, chaussons de danse souples, aux pointes, chaussons à bout dur renforcé en forme de cône, qui permettent aux danseuses de rester en équilibre sur l'extrémité des orteils.

Relevé : montée sur pointes ou demi-pointes d'une jambe tendue ou des deux.

Retiré : mouvement qui consiste à faire glisser le pied de la jambe libre le long de la jambe d'appui (ou jambe de terre) pour le monter à la hauteur du genou (ou de la cheville).

Révérence : geste de salut consistant en un plié des genoux, exécuté à la fin du cours en signe de remerciement et de respect.

Rond de jambe à terre : exercice à la barre dans lequel la jambe libre bien tendue, pointée devant ou derrière, décrit un demi cercle en glissant au sol d'avant en arrière ou inversement.

Saut de chat : gracieux saut de côté consistant en un retiré à la cheville de chacune des deux jambes successives puis en un temps de suspension pendant lequel elles sont toutes les deux repliées, évoquant alors la forme d'un diamant. Le danseur se reçoit sur une seule jambe, bientôt rejointe par l'autre.

Sauté : envolée de deux pieds sur deux.

Sissonne ou « pas de ciseaux » : saut de deux pieds sur un caractérisé par un déplacement en avant, en arrière ou sur le côté. Il comporte de nombreuses variantes.

Tendu : la jambe libre peut être tendue soit en avant, soit en arrière, soit à la seconde.

Temps levé : petit saut d'un pied sur le même qui sert à donner de l'élan pour le pas suivant.

Tours en l'air : sauts en tournant (souvent pris sur double appui) qui peuvent se terminer de différentes manières. Ils sont en général réservés aux danseurs masculins.